SEGREDOS MÁGICOS DA SUA MENTE

Segredos mágicos da sua mente
Edição revista e aumentada: Maio 2025

Autor:
David Medina

Preparação de texto:
Lúcia Brito

Capa:
Dimitry Uziel

Projeto Gráfico:
Dharana Rivas

Diagramação:
Dharana Rivas e Jéssica Wendy

Revisão:
Gabriel Silva

Impressão:
Plena Print

DADOS INTERNACIONAIS DE CATALOGAÇÃO NA PUBLICAÇÃO (CIP)

Medina, David
Segredos mágicos da sua mente : como acessar seu poder interior para transformar sua vida e inspirar pessoas / David Medina.
– 2. ed. - Porto Alegre : Citadel, 2025.
272 p.

ISBN: 978-65-5047-618-2

1. Espiritualidade 2. Mente e corpo 3. Sucesso pessoal 4. Autoajuda
5. Psicologia aplicada I. Título.

25-1704 CDD 131.3

Angélica Ilacqua - Bibliotecária - CRB-8/7057

Produção editorial e distribuição:

CITADEL Grupo Editorial
contato@citadel.com.br
www.citadel.com.br

David Medina

SEGREDOS MÁGICOS DA SUA MENTE

Como acessar seu poder interior
para transformar sua vida
e inspirar pessoas

Edição revista e aumentada

CITADEL
Grupo Editorial
2025

Dedico este livro a quem o inspirou, o espetacular artista Juan Araújo,
bem como ao editor M. Conte Jr., exemplo de vida e
principal incentivador dos Segredos mágicos da sua mente.

Sumário

ADVERTÊNCIA
(porque não lemos prólogos)

A maioria das pessoas que eu conheço não lê os prólogos dos livros. E o motivo é muito simples: a palavra *prólogo*, derivada do latim, não cria nenhum vínculo emocional. Portanto, não impacta o cérebro. Já a palavra *advertência* automaticamente produz no cérebro um turbilhão emocional, estimulando a amígdala e pondo nossos sentidos em alerta.

Um livro sobre nossas maravilhosas habilidades mentais não poderia começar sem provocar o cérebro. Por isso, este prólogo tem forma de advertência.

O leitor não será o mesmo após ler e estudar as lições deste livro. Suas habilidades de comunicação, influência, relacionamento, percepção, aprendizagem e equilíbrio emocional serão totalmente modificadas e ampliadas. Mas é preciso saber que a toda ação corresponde uma reação, assim como a toda semente plantada corresponde uma planta a ser colhida, e certamente você colherá os frutos do que plantar. Use seus novos poderes com responsabilidade.

Este livro destina-se a despertar o super-herói por trás dos óculos de "fundo de garrafa" e corpo franzino (todos nós já nos sentimos assim em algum momento, não é mesmo?). Um super-herói tem uma missão bem definida: fazer o bem.

Há duas formas de fazer o bem: para si próprio e para os demais. Desenvolvendo potencialidades e talentos, atingindo objetivos e tornando-se mais feliz, uma pessoa faz o bem para si mesma. Comunicando-se melhor, estabelecendo relacionamentos sadios e liderando com inteligência e equilíbrio emocional, uma pessoa faz o bem para as demais pessoas.

Afinal, se não podemos mudar o mundo, talvez seja possível mudar nossa maneira de enxergá-lo e de interagir com ele.

Este é um livro de técnicas e dicas práticas, as quais já ajudaram inúmeras pessoas com quem convivi em salas de aula e outros espaços. Assim, para desenvolver as novas habilidades, é preciso pôr em prática o conhecimento adquirido. Portanto, pratique!

E o mais importante: cuide da sua mente!

Com tantas pressões sociais, profissionais e familiares, além de mudanças tão rápidas em nosso estilo de vida, estamos sujeitos a muitos tipos de doenças psicológicas. Por isso, fique atento a sinais importantes, como alterações de humor, comportamento impulsivo ou descontrolado, angústia, tristeza sem motivo aparente, distúrbios do sono, cansaço excessivo, irritabilidade, afastamento social, apatia, vazio existencial, falta de sentido, desespero, confusão mental ou alucinação, além de sintomas físicos sem causa aparente, como dor no peito, taquicardia, sudorese e outros. Não hesite em buscar ajuda de médicos, psiquiatras e psicólogos. Afinal, sua mente é como uma máquina complexa e existem profissionais especializados em cuidar dela. Meditação e mentalização funcionam, mas nem sempre são suficientes para enfrentar os desafios mais "puxados".

Boa leitura!

INTRODUÇÃO

"A melhor maneira de prever o futuro é criá-lo."
– Peter Drucker, escritor

Quando o jovem Daniel[1], candidato a promotor de justiça, apresentou-se para fazer o curso preparatório para a prova de tribuna, talvez nem ele próprio acreditasse na sua aprovação. Era um rapaz inteligente, sem dúvida. Já havia passado pelas fases mais difíceis do concurso, e na próxima etapa deveria fazer uma apresentação oral de quinze minutos sobre um tema sorteado na hora, para uma banca composta por seletas autoridades e professores da área jurídica. Começado o treinamento, menos de um mês antes da prova, sua primeira tentativa de falar em público foi um desastre. Sua voz estava trêmula e praticamente não saía, seu discurso não durou nem cinco minutos, e ele manteve as mãos com dedos entrelaçados diante do peito, sem qualquer expressividade gestual. Ficamos após o horário normal do curso e apliquei uma técnica hipnótica seguida da sugestão de que ele era um militar, um oficial com voz de comando. Sugeri que ele usaria um colete à prova de balas, ficando completamente protegido. Ele deveria usar esse colete sempre que tivesse que falar em público, sentindo-se seguro e confiante. E deveria utilizar sua voz de comando para falar com os ouvintes. Com apenas duas sessões de hipnose, o jovem passou por uma transformação assombrosa. Todos os colegas

1 Nome fictício.

de curso ficaram realmente admirados com a evolução daquele rapaz cuja voz, no início, nem sequer era ouvida, mas que agora era capaz de se fazer ouvir e articular um discurso inteiro com gestos expressivos e voz forte. Foi aprovado no concurso e hoje é promotor de justiça. O mais importante dessa história é que a capacidade e a coragem estavam dentro dele e só precisavam ser liberadas, como num "passe de mágica"! Acredite, não há mágica melhor do que transformar pessoas e ajudá-las a seguir em frente. Embora tenha sido tratada como magia durante muito tempo, e ainda hoje o seja em demonstrações inescrupulosas, a hipnose é um dom natural de cada ser humano para potencializar seus próprios recursos. É um estado mental em que a atenção consciente é direcionada para dentro do indivíduo. Comecei a estudar hipnose quando criança e cheguei a apresentar um trabalho sobre o tema numa feira de ciências da escola no ensino fundamental. Precoce, não?

Na minha infância não havia computadores, videogames ou internet. As crianças se divertiam jogando futebol, bolinhas de gude e com tantas outras brincadeiras de rua. O mais próximo da tecnologia que chegávamos era da televisão sem cores e sem controle remoto. Um dia, num programa de reportagens, vi um paranormal chamado Uri Geller usando o poder da mente para entortar talheres, consertar relógios e ler pensamentos. Foi uma das coisas mais maravilhosas de que tive notícia. Fiquei obcecado por Uri Geller e seus poderes, e não fazia ideia de como tais coisas eram possíveis, embora aquele jovem israelense mencionasse que seus poderes vinham de uma entidade alienígena. Após o divórcio dos meus pais, tornei-me também um "extraterrestre", pois as coisas de nosso planeta já não me interessavam mais. Nem o futebol, nem as bolinhas de gude, muito menos as brincadeiras de rua. Transformei-me na criança mais solitária do planeta. Mas ainda era fascinado por Uri Geller e pelos inexplicáveis poderes de sua mente.

Tentando amenizar minha solidão ou talvez me proporcionar alguma explicação das coisas inexplicáveis, minha mãe me presenteou com uma caixa de mágicas. Ainda lembro a minha euforia abrindo a caixa de papelão grosso com a foto de um menino vestido com fraque e cartola, diante de duas meninas que aplaudiam seus truques. Foi como abrir um portal para um mundo desconhecido.

Comecei a executar os truques e já não queria mais a vida solitária. Precisava de público para as minhas apresentações, então voltei a fazer amigos. Graças àquele brinquedo, logo me tornei o garoto mais popular da escola e do lugar pobre onde eu vivia. Acabei descobrindo a verdadeira magia por trás da mágica. Os mágicos fazem algo fascinante: ensinam as pessoas a perceber que seus sentidos são limitados, que não há explicação para tudo e que muitas de nossas certezas são apenas aparentes. Durante séculos fomos "enganados" por um modelo astronômico fundado no geocentrismo, imaginando que o Sol se movia ao redor da Terra. Fantástica ilusão divina! Outro exemplo: a Lua se afasta da Terra cerca de 3,8 cm por ano, como resultado da diminuição da velocidade terrestre. Como a Terra se move cada vez mais lentamente, as forças gravitacionais entre a Terra e a Lua ficam cada vez mais frágeis. Isto está acontecendo agora, e não percebemos nada, nem o movimento da Terra nem o distanciamento da Lua. Considero a física subatômica o golpe final em nossa precária dimensão cognitiva: o mundo material é feito basicamente de espaço vazio, em que a solidez é uma ilusão. Como ensina a PNL (programação neurolinguística), "o mapa não é o território", isto é, o mundo que conhecemos não é necessariamente o mundo que existe, mas simplesmente o mundo que somos capazes de conhecer com nossos limitados recursos de compreensão.

Mas, antes de encontrar-me com a física quântica e a PNL, cresci buscando novos truques para encantar as pessoas. Também queria entortar talheres e ler pensamentos como Uri Geller, então aprendi todas as coisas que pude sobre poderes paranormais e dediquei-me a estudar todas as ciências da mente. Lembro-me de ter lido ainda na adolescência um livro chamado *O método Silva de controle mental*, com o qual dei os primeiros passos em minha jornada de descobertas sobre a mente humana. Todas as manhãs dedicava-me assiduamente às práticas ensinadas por José Silva.

Tornei-me um adulto muito bem informado sobre métodos de autoajuda. Paralelamente, obtive um diploma em Direito e construí uma carreira jurídica de sucesso. Artisticamente, dediquei-me ao teatro, à música e à mágica. Cursei psicanálise, hipnose, coaching, PNL e li todas as obras que encontrei sobre neurociências e física quântica. É surpreendente descobrir como essas coisas estão correlacionadas.

Os truques que aprendi, somados aos conhecimentos que adquiri com o teatro, a psicanálise, neurociência, PNL, parapsicologia e outras disciplinas da mente e do comportamento, forjaram uma experiência de vida indescritível, transitando entre juristas, acadêmicos, cientistas, místicos e mágicos. Num dia eu estava num tribunal e noutro numa sessão de hipnose. Migrava facilmente de uma sala de aula para um templo de meditação e de lá para o teatro. Quando me perguntam sobre minha verdadeira vocação em meio a tudo isso, respondo prontamente: "Pessoas. Nada é mais importante de ser estudado e compreendido!".

Existe muita gente precisando de atenção e ajuda no mundo. Gente que precisa e pode ter uma vida mais feliz em seu trabalho, suas finanças, seus relacionamentos e assim por diante. Muitas pessoas procuram solução nos vícios, outras nos consultórios, outras nas religiões.

Não sou contra a religiosidade, pelo contrário. Mas sou contra qualquer tipo de manipulação da mente. O mundo tem testemunhado a prática de todo tipo de atrocidade em nome de Deus. Estudei praticamente todas as religiões e frequentei diversos cultos, tentando entender seus métodos e suas práticas. Percebi que todas as religiões falam praticamente a mesma coisa de modos diferentes. Falam de Deus, do poder da fé, dos milagres. Estão todas certas porque essas coisas existem. Só nos falta entender que esses conceitos – Deus, fé, milagres – não estão nas igrejas e não pertencem às religiões; fazem parte de um conhecimento universal compartilhado desde eras remotas.

Pertencem aos seres humanos e estão dentro dos seres humanos. Algumas igrejas podem nos ajudar a encontrá-los, mas o melhor lugar para procurar é dentro de nós mesmos. Como disse John Lennon em uma célebre frase: "Eu estive em todos os lugares e só me encontrei em mim mesmo". Ou como escreveu o apóstolo Paulo na epístola aos Efésios: "Deixem que o Espírito renove seus pensamentos e atitudes" (Efésios 4:23).

No fabuloso livro *O alquimista*, o escritor Paulo Coelho revela que os alquimistas ficavam tanto tempo olhando para os metais, esperando pela transformação, que eles próprios acabavam se transformando. A transformação pessoal é a verdadeira magia alquímica.

Apesar da conotação mística, os alquimistas foram os cientistas de sua época. Magia e ciência sempre andaram juntas. Faça uma mágica agora! Pegue uma folha em branco e desenhe uma cruz mais ou menos no centro. A uma distância equivalente à distância de seus olhos, à direita da cruz, desenhe um ponto negro, do tamanho de uma moeda e coloque uma moeda sobre esse ponto. Sustente a moeda e a folha com o polegar, esticando o braço, enquanto fecha o olho esquerdo e mantém a cruz alinhada com o olho direito. Olhe fixamente para a cruz e comece a aproximar a folha muito lentamente do rosto. Em determinado ponto desse trajeto, a moeda desaparecerá. Essa desaparição certamente era mágica até a ciência descobrir a existência do "ponto cego" em nosso aparelho visual. Muitas coisas eram mágicas até terem uma explicação científica, como os raios que os primeiros filósofos "roubaram" de Zeus. Todavia, apesar de todo o avanço científico, ainda há muitos "pontos cegos" em nossa compreensão. Portanto, há espaço para a magia. Richard Bandler e John Grinder perceberam isso quando escreveram *A estrutura da magia* para tratar de uma "fórmula mágica" de transformação: a PNL ou programação neurolinguística.

A palavra magia deriva de *magi*, designação dada aos sábios sacerdotes da Pérsia e Egito antigos. A magia primitiva estava associada ao conhecimento das coisas ocultas ao senso comum. Era uma ciência rudimentar. A agricultura egípcia exigia, por exemplo, o conhecimento das cheias do Nilo e das fases da Lua. Por isso, muito cedo os sábios da Mesopotâmia aprenderam a contemplar o céu e as estrelas, reconhecendo na imensidão do universo uma dimensão tão misteriosamente assustadora que seria digna de respeito, admiração e até mesmo adoração.

A história está repleta de magos, mestres, profetas, santos e místicos que deram às suas crenças diferentes nomes, mas, na verdade, todos descobriram a mesma verdade, que é a essência da mente. Cristãos e judeus a chamam de Deus; muçulmanos chamam de Alá, que significa Deus em árabe e é o mesmo Deus de Abraão, Moisés, Davi e Jesus; os hindus referem-se ao Eu, a Shiva, a Brahma e a Vishnu; os místicos sufis falam de Essência Oculta, os budistas de Natureza Búdica. Em todas as religiões existe a certeza de que há uma verdade universal e primária e de que esta vida é uma oportunidade sagrada para evoluir e compreendê-la melhor.

O cristianismo utilizou uma figura muito convincente: a ideia de que uma criança nasce para salvar o mundo é uma metáfora poderosamente mágica. Afinal, toda criança nasce para salvar o mundo da ignorância e da brutalidade. Conforme escreveu o genial Rubem Alves diante da imagem de um adulto conduzindo uma criança pela mão: "É a criança que vai mostrando o caminho. O adulto vai sendo conduzido: olhos arregalados, bem abertos, vendo coisas que nunca viu. São as crianças que veem as coisas – porque elas veem sempre pela primeira vez com espanto, assombro de que elas sejam do jeito como elas são. Os adultos, de tanto vê-las, já não as veem mais. As coisas – as mais maravilhosas – ficam banais. Ser adulto é ser cego". Essa passagem do livro *Variações sobre o prazer* lembrou-me de uma experiência mágica numa viagem que fiz para a Paraíba. Lá existe um lugar pitoresco, chamado Praia do Jacaré, no município de Cabedelo, onde diariamente as pessoas se reúnem para celebrar algo a que a maioria de nós deixou de dar importância: o pôr do sol. Todos os finais de tarde, na Praia do Jacaré, as pessoas reúnem-

-se às margens do rio esperando o momento em que um saxofonista, num pequeno barco, executa o "Bolero" de Ravel enquanto o sol magicamente se recolhe no horizonte. Testemunhar esse momento é uma experiência única de iluminação, em que reaprendemos a ver a magia esquecida dos eventos cotidianos, reabrindo nossa mente para a imensidão do universo.

Estudando com profundo respeito a sabedoria antiga e mergulhando nos domínios da ciência atual, aprendi a acreditar nos verdadeiros poderes da mente, pois descobri que eles estão dentro de todas as pessoas e podem ser usados para conquistar tudo o que desejamos. Neste livro quero compartilhar boa parte desse aprendizado. Claro, também aprendi a entortar talheres como Uri Geller e a ler pensamentos como ele, embora hoje eu saiba que não passavam de mistificações baseadas em truques. E, mesmo sabendo que os verdadeiros poderes da mente são muito mais do que isso, não posso deixar de reconhecer que Uri Geller despertou nas pessoas de minha geração a crença de que existe em nossa mente muito mais do que um amontoado de células nervosas.

Nossa mente contém segredos capazes de transformar indivíduos e ajudar pessoas. Os segredos que quero compartilhar são ferramentas motivacionais e de crescimento pessoal extraídas de várias fontes, desde a sabedoria antiga até as descobertas da neurociência e da PNL. Nada foi excluído por razões de preconceito científico ou religioso, seguindo assim a máxima do poeta Fernando Pessoa: "Para ser grande, sê inteiro. Nada teu exagera ou exclui".

Neste livro vou ensiná-lo a usar sua mente de forma produtiva e integral, explorando recursos conscientes e inconscientes, comunicando-se com o lado oculto de sua mente. Vou ensiná-lo a hipnotizar, ler pensamentos, seduzir e se comunicar melhor. Além disso, você vai aprender a controlar as emoções, usar seus pensamentos para atrair sucesso e agir de forma positiva, obtendo os resultados que deseja. Você aprenderá a se sentir motivado e a motivar os outros, além de adquirir autoconfiança.

As pessoas que utilizaram esses segredos ao longo da história tornaram-se invariavelmente bem-sucedidas e felizes, pois alcançaram plenamente seus objetivos. Esses segredos são mágicos porque geram transformação, que há milênios é a essência da magia, e porque são em boa parte desconhecidos da maioria das pessoas. Mesmo assim, são como os truques de mágica da minha velha caixa: simples de serem executados e com um poder enorme para transformar você e os outros nas pessoas que desejam ser.

CAPÍTULO ZERO

A MENTE É A CHAVE

"Minha mente é a chave que me liberta."
– Harry Houdini

Dentro do cofre, o ar parecia cada vez mais pesado. Harry Houdini, o maior mágico do mundo, famoso por escapar de algemas e caixões fechados, sentiu as correntes apertando seus pulsos com uma precisão quase cruel. Ele estava acostumado a desafios e sabia que cada novo número poderia representar o fim da sua carreira, mas aquele dia sentiu um certo medo, uma angústia que nunca havia sentido. O cofre, uma obra-prima da engenharia alemã, era frio e implacável. De fora, o público que lotou o Hippodrome Theatre, em Nova York, aguardava em silêncio absoluto, enquanto o industrialista que desafiou Houdini permanecia com um leve sorriso de triunfo no rosto. Dentro da escuridão do cofre, Houdini percebeu que suas técnicas usuais estavam falhando. Sua respiração acelerava. O tempo estava acabando. Mas então algo nele se acendeu. Uma lembrança de uma frase que ele repetia sempre: "Minha mente é a chave que me liberta". Ele fechou os olhos, não para escapar, mas para se concentrar. "Minha mente é a chave que me liberta", repetia para si mesmo. Ali, no silêncio opressor, ele deixou que sua mente tomasse o controle, ouvindo cada ruído, sentindo cada vibração. E foi então que notou. Uma falha, um som quase imperceptível no canto. Um ponto fraco no sistema.

Do lado de fora, o público começava a sussurrar, temendo o pior. Houdini era mestre do marketing e costumava instigar no público uma sensação de que seus números podiam ser mortais. E o cofre realmente era.

Minutos haviam se passado além do normal, mas no último segundo a porta do cofre começou a se abrir. Houdini emergiu, ofegante, mas triunfante, para aplausos estrondosos. Ele acenou para o público, o sorriso disfarçando a verdadeira batalha que travara. Nos bastidores, enquanto as luzes do palco se apagavam, Houdini fitou o cofre uma última vez. Aquele desafio havia sido diferente. Não era o cofre ou o orgulho do industrialista que quase o derrotaram, mas sua própria dúvida. Ele refletiu, mais uma vez, que o verdadeiro segredo para escapar de qualquer prisão não era a força física ou truques, mas o poder absoluto da mente. Como um enigma oculto, ele sabia que, enquanto sua mente permanecesse livre, não havia prisão, corrente ou cofre que pudesse contê-lo.

Essa é uma narrativa baseada num dos grandes feitos de Houdini, um dos maiores mágicos da história. Sua especialidade consistia em escapar de algemas, correntes, caixas trancafiadas e camisas de força, que eram assustadoras até meados do século 20. Seus fantásticos escapes, por mais perigosos que fossem, inspiravam o público pelo seu enorme significado: os seres humanos são capazes de escapar de qualquer situação difícil, basta usar a mente.

Amigo do criador de Sherlock Holmes, o escritor Arthur Conan Doyle, um entusiasta do espiritismo e do sobrenatural, Houdini chegou a divergir dele por se recusar a acreditar em dons sobrenaturais. Para o grande escapista, a chave estava na mente humana, nada além disso. Quando perguntado sobre como realizava escapes tão impressionantes para a época, Houdini dizia: "Minha mente é a chave que me liberta!".

Quero que você pare por um segundo e pense na sua vida. Pense nos desafios que já enfrentou, nas barreiras que pareceram intransponíveis. Agora, olhe ao redor. Você já se perguntou por que algumas pessoas conseguem quebrar essas barreiras, enquanto outras ficam presas nelas? Qual é o segredo? Eu vou te dizer: a sua mente é a chave que te liberta.

Você já teve a sensação de estar preso? Preso em uma situação, em uma dor, em uma rotina? Essa sensação é real, mas a prisão em que você sente que está... ela não existe fora de você. Ela está na sua mente. O que está te prendendo não é o mundo lá fora, é o que você acredita sobre o mundo lá fora. E a boa notícia é que você tem o poder de mudar isso. Você tem a chave.

A liberdade começa na mente

Tudo o que acontece na sua vida é filtrado pela maneira como você pensa. Seu sucesso, suas falhas, suas vitórias e suas derrotas – tudo começa na sua mente. Se você acha que está preso, na verdade não está. Se você acredita, do fundo do seu ser, que pode se libertar, que pode superar qualquer barreira, então você vai se libertar.

Sua mente tem esse poder incrível de moldar sua realidade. Quando você muda sua maneira de pensar, muda seu mundo. Quer sair dessa prisão mental? Então, comece agora. Pare de alimentar os pensamentos que te dizem que você não pode, que está preso, que não tem saída. Comece a plantar as sementes da liberdade. E a liberdade começa quando você percebe que a prisão nunca foi real. Ela foi construída pelas crenças que você aceitou, e agora é a hora de quebrá-las.

Destrave as crenças que te prendem

Você já parou para pensar sobre o que realmente te prende? Não são as circunstâncias, não são os outros. São suas crenças. Se você acredita que não é capaz, que não merece mais, que sempre vai falhar, adivinha o que vai acontecer? Sua mente vai encontrar maneiras de validar essas crenças. Vai encontrar evidências no mundo ao seu redor para provar que você está certo. Mas aqui está o ponto crucial: suas crenças são criadas por você.

E se criou essas crenças, você pode destruí-las. A pergunta é: quais crenças estão te prendendo agora? É a crença de que você nunca vai ter sucesso? De que não é bom o suficiente? De que seu passado define seu futuro? Pare. Respire. E diga a si mesmo: "Isso não é mais verdade".

Você tem o poder de trocar essas crenças por outras. Troque o "eu não posso" pelo "eu sou capaz". Troque o "eu sempre falho" pelo "cada passo que dou me aproxima da vitória". Quando você começa a mudar suas crenças, sua mente se transforma na chave que destrava todas as portas que estavam fechadas.

O poder das decisões

Agora ouça bem: a decisão de se libertar está nas suas mãos. Não é sobre esperar que algo mágico aconteça, ou que as circunstâncias mudem. A liberdade que você busca está a apenas uma decisão de distância. Quer se livrar do medo? Decida. Quer quebrar as correntes que te amarram ao passado? Decida.

As pessoas ficam presas porque têm medo de tomar decisões. Elas se acostumam com a prisão que criaram, porque ao menos a conhecem. Entenda: a prisão do conforto é a prisão mais perigosa que existe. Porque ela te impede de crescer, de alcançar algo maior. Se quer ser verdadeiramente livre, precisa tomar decisões ousadas. Decida que, a partir de agora, você vai assumir o controle total da sua vida. Que não vai mais permitir que suas velhas crenças te dominem. E, mais importante: decida que a sua mente será o seu maior aliado, não o seu maior inimigo.

A liberdade está dentro de você

Quero deixar uma coisa bem clara: a liberdade não vem de fora. Não importa onde você esteja, o que tenha ou o que está acontecendo ao seu redor.

A verdadeira liberdade vem de dentro. Não é o dinheiro, o status ou o reconhecimento que vão te libertar. É a capacidade de, independentemente das circunstâncias externas, escolher como você vai reagir a elas.

A liberdade é saber que você tem o poder de controlar sua mente, não importa o que aconteça lá fora. Quando você domina sua mente, não há prisão que possa te segurar. A vida pode te testar, te derrubar, te jogar no chão. Mas se sua mente está livre, nada disso pode te prender. Porque a verdadeira prisão nunca foi física, foi sempre mental.

A chave da liberdade está nas suas mãos

Se você está esperando que alguém ou algo venha te libertar, esqueça. Ninguém vai te dar essa chave. Ela está em suas mãos o tempo todo. Você só precisa decidir usá-la. E a chave é isso: decida que sua mente é seu maior trunfo. Decida que você é capaz de superar qualquer desafio. Decida que o que está te prendendo não é maior do que sua capacidade de se libertar.

Sua mente é mais poderosa do que você imagina. Ela pode te aprisionar em uma vida de mediocridade ou pode te libertar para viver com propósito, paixão e poder. A escolha é sua. A escolha sempre foi sua. E agora é hora de decidir.

Pare de esperar que o mundo te dê as respostas. Pare de esperar que a sorte mude. A resposta está dentro de você. Sua mente é a chave que te liberta. Quando você escolhe mudar seus pensamentos, suas crenças e decisões, a prisão desaparece. E a única coisa que resta é a liberdade que sempre esteve ao seu alcance.

Então, o que você vai fazer agora? Vai continuar preso nas velhas histórias, nas velhas crenças? Ou vai usar a chave que já está em suas mãos para abrir todas as portas que antes pareciam fechadas?

A liberdade não é algo que você encontra. É algo que você cria. E tudo começa com uma simples verdade: sua mente é a chave. Use-a.

O mais importante: cuide do seu material

Assim como Houdini cuidava meticulosamente de seus equipamentos, você também precisa cuidar do seu principal instrumento: sua mente. Ela é o que define seus limites, sua performance e sua vida! Manter a mente afiada e pronta para qualquer desafio exige que você adote hábitos poderosos. Isso significa garantir um bom sono, alimentar-se com qualidade, dar espaço para descanso e investir em exercícios físicos. Sua mente é parte do seu corpo, e, para que você atinja o máximo potencial, precisa dar a ela o combustível e o cuidado que merece.

Agora, aqui vai um ponto crucial: jamais subestime o impacto de doenças e desconfortos emocionais. Você pode vencê-los, mas para isso talvez precise de suporte. Às vezes, a batalha é difícil demais para enfrentar sozinho. Os grandes mágicos, mesmo Houdini, não realizam suas façanhas sozinhos, e isso vale para qualquer pessoa. Não tenha medo de buscar ajuda de especialistas. Psicólogos e psiquiatras estão aí para te ajudar a enfrentar os desafios que momentos de angústia, ansiedade e depressão causam. Além de profissionais, você deve contar sempre com o apoio de familiares e amigos, pois eles serão sempre o público principal, que vai aplaudir, incentivar e dar força em todas as situações.

Você é capaz de superar qualquer obstáculo, desde que dê o primeiro passo e cuide da sua mente como uma chave preciosa para o seu sucesso.

SEGREDO Nº 1

MENTALISMO

"A lei da mente é implacável.
O que você pensa você cria; o que você sente você atrai; o que você acredita torna-se realidade."
– Buda

"Transformai-vos pela transformação da vossa mente."
– Apóstolo Paulo

Assim que desembarcou em frente à entrada do Salpêtrière, ele já começou a ouvir os gritos. Passou pelo grande portão e se deparou com a paisagem surrealista que era descrita e temida por muitos moradores da cidade. Os seres que ali estavam pareciam almas condenadas a algum tipo de inferno, embora ele não acreditasse nessas coisas. Dirigiu-se rapidamente à sala do diretor. À medida que caminhava, os gritos ficavam mais fortes e mais assustadores. Ele sequer precisou se apresentar, pois foi recebido com o entusiasmo próprio de quem conhecia a sua fama de médico e hipnotizador.

– Dr. Charcot! Estávamos à sua espera!

Em meados de 1887, não havia separação clara entre neurologia e psiquiatria. Em Paris, o velho Hospital Salpêtrière era mais um asilo para doentes mentais e pacientes histéricas. Quando o Dr. Charcot chegou ao hospital, em 1862, a histeria era considerada a "doença do útero" (do grego *hystera*, útero), uma desordem do sistema nervoso de fundo emocional, causada por alterações dos fluidos uterinos.

Jean-Martin Charcot logo foi reconhecido como um grande especialista no assunto, transformando o Salpêtrière no berço da neurologia. Ele costumava tratar suas pacientes com hipnose, revelando-se um exímio hipnotizador.

O quadro *A lição clínica do Dr. Charcot* (1887), pintado pelo vienense Pierre André Brouillet Charroux, mostra uma aula sobre histeria ministrada pelo médico no Salpêtrière. A obra retrata a indiscutível liderança científica do Dr. Charcot, que reuniu à sua volta muitos alunos e professores atentos, certamente fascinados com sua eloquência e conhecimento.

Entre os alunos de Charcot, havia um que se mostrou mais tarde particularmente brilhante: Sigmund Freud. A partir da observação do trabalho de Charcot com a histeria, em especial sua habilidade com a hipnose, Freud deu-se conta do vasto material oculto na mente humana, o que o levou a desenvolver a teoria do inconsciente, lançando as bases de uma nova ciência, a psicanálise.

A hipnose, assim como o inconsciente, é um exemplo das forças ocultas presentes na mente humana, que ainda persistem como um universo desconhecido e repleto de novos poderes e potencialidades. Se alguém duvidar dos poderes da mente, que não procure videntes ou paranormais. Simplesmente olhe em volta e perceba as maravilhosas conquistas científicas e tecnológicas. Desde uma lâmpada elétrica comum até o mais avançado computador, desde um simples analgésico até um transplante de órgãos, somos testemunhas das maravilhas que a mente humana é capaz de produzir. Não existe nada, nenhuma criação humana que não tenha antes passado pela mente, e tudo o que somos, pensamos, atraímos e vivenciamos são respostas à nossa mente.

O mentalismo pode ser definido como a "ciência do poder da mente". É um conjunto de teorias, postulados, práticas, métodos e técnicas destinado a ativar os poderes mentais. Expansão da consciência, pensamento positivo, poder da fé, sugestão, influência, clarividência, supermemória, telepatia e outros temas associados à mente fazem parte do mentalismo em sua forma aplicada. No livro *Poderes paranormais – como a ciência explica a parapsicologia*, a psiquiatra britânica Diane Hennacy Powell explica que "o mentalismo data de milhares de anos, tendo surgido com os primeiros filósofos orientais. Eles estudavam a consciência por meio de técnicas de meditação que propiciavam experiências diretas de vários níveis de percepção. A crença hindu e budista de que tudo é pura consciência provém de experiências místicas tão poderosas que, sob o ponto de vista das religiões, revelam a 'verdadeira realidade'. Segundo essa visão, nossa percepção usual do mundo é ilusória, e todas as coisas são, na verdade, 'uma só', ou inseparáveis. Tal perspectiva não apenas aceita fenômenos parapsíquicos; ela os torna bastante prováveis, uma vez que não há diferença ou separação entre as realidades interna e externa de um indivíduo. Tudo é, simplesmente, um produto de nossas mentes e, portanto, tudo é possível". Segundo a Dra. Powell, mesmo os cientistas que acreditam nos fenômenos paranormais recusam-se a estudá-los por medo de caírem em descrédito, havendo atualmente apenas cerca de cinquenta cientistas ao redor do mundo que pesquisam o assunto.

A prática do mentalismo nos ensina que os poderes da mente existem e estão dentro de cada um de nós. Existem basicamente três dimensões do mentalismo: experimental, científica e artística. Na dimensão experimental, o mentalismo é o conjunto de postulados e práticas que, mesmo sem base científica, foi consagrado pela humanidade para seu aperfeiçoamento e desenvolvimento mental.

Desde a mais remota antiguidade até nossos dias, muitos sábios intuíram a importância da mente, estabelecendo fórmulas para aprimorar a utilização de nossos recursos mentais. Algumas dessas fórmulas foram registradas, enquanto outras permaneceram em tradições orais. Um desses registros é tão antigo quanto o Novo Testamento e retrata o gigantesco poder da fé: "Eu lhes digo a verdade: vocês poderão dizer a este monte: 'Levante-se e atire-se no mar', e isso acontecerá. É preciso, no entanto, crer que acontecerá, e não ter nenhuma dúvida em seu coração" (Marcos 11:23; ver Mateus 17:20; 21:21; 1 Coríntios 13:2).

Os avanços científicos têm vindo ao encontro dos postulados do mentalismo experimental, dando origem ao mentalismo científico, baseado nas disciplinas que estudam o cérebro e a mente segundo protocolos e modelos da ciência e da psicologia aplicada, como neurociência, psicanálise, programação neurolinguística e assim por diante. Recentemente, os especialistas estão enfim reconhecendo os incontáveis benefícios da meditação, dando suporte científico a uma prática mental milenar. O mesmo ocorre com a hipnose, que era vista como um fenômeno sobrenatural até ser utilizada nas clínicas médicas e psicológicas.

Rubem Alves escreveu que "nossos cinco sentidos são órgãos de fazer amor e ter prazer com coisas existentes e presentes. O sexto sentido, ao contrário, é um poder que nos permite fazer amor e ter prazer com coisas que não existem e estão ausentes. Esse poder se chama pensamento. Pensamento é o poder de trazer à existência aquilo que não existe" (*Variações sobre o prazer*).

Na dimensão artística, o mentalismo manifesta-se como a representação teatral de fenômenos mentais. Estamos acostumados a ver no teatro, no cinema e na TV representações de obras religiosas, encontros espirituais, contatos extraterrestres etc. Da mesma forma, um artista do mentalismo representa fenômenos mentais como telepatia, clarividência e outros, com a finalidade de expressar por meio da arte a beleza que emana das nossas fantásticas faculdades mentais. No apêndice deste livro darei informações sobre a arte do mentalismo e apresentarei algumas técnicas utilizadas por seus praticantes.

Tudo é mente

Tudo o que vemos, sentimos, somos, experimentamos, assim como o mundo que conhecemos, é resultado de nossa mente. A neurocientista Suzana Herculano-Houzel afirma que "a vida cotidiana é o reflexo da atividade do cérebro a cada instante, a cada dia".

Segundo a física quântica, a própria realidade está condicionada à mente do observador. Como disse Richard Conn Henry, professor de Física e

Astronomia da Universidade Johns Hopkins, num ensaio intitulado *The Mental Universe* (O universo mental): "O fluxo de conhecimento está caminhando em direção a uma realidade não mecânica; o universo começa a se parecer mais com um grande pensamento do que com uma grande máquina. A mente já não parece ser uma intrusa acidental no reino da matéria. Devemos superar isso e aceitar a conclusão indiscutível. O universo é imaterial-mental e espiritual. Viva e aproveite" (*Nature*, v. 436, 4 de julho de 2015).

Dizer que "tudo é mente" pode parecer estranho; todavia, se substituirmos a palavra "mente" por "energia", fica mais fácil compreender a natureza unificadora do universo. Em 1913, o físico dinamarquês Niels Bohr aprimorou o modelo do átomo de Rutherford ao determinar como os átomos se arranjam ao redor do núcleo. Embora o modelo atômico de Bohr tenha sido superado, suas ideias fundamentais permaneceram. Raios X e elétrons mostraram ser capazes de entrar em difração e quicar uns nos outros, comprovando a hipótese de Louis-Victor de Broglie de que a matéria poderia se comportar como ondas e ondas como partículas. O mundo físico na verdade é feito de átomos, cujo interior é unicamente energético e vibracional, sendo que 99,9% do átomo é espaço vazio. Hoje sabemos que toda a matéria existente no universo nada mais é do que energia. A realidade do mundo subatômico é a nossa essência. Somos feitos de átomos, moléculas, energia e vibração. O universo físico é a energia. Toda matéria, quando dividida em partes cada vez menores, é composta de partículas de energia que, quando colocadas juntas de uma maneira específica, criam a ilusão da solidez. Segundo a Dra. Powell, "o cérebro é composto por átomos, e, portanto, os princípios da física quântica estão operando em nosso cérebro, embora a maioria dos neurocientistas ainda tenha de dar a devida importância aos princípios quânticos. Mas um modelo que reconheça que a física quântica também opera em nossos cérebros pode explicar muito dos indecifráveis modelos da consciência. Em outras palavras, a física quântica pode fornecer simplesmente o elo que falta para explicar a relação entre algo tão imaterial quanto a consciência e algo tão material quanto o cérebro".

Segundo escreveu Fritjof Capra em *O tao da física*, "a teoria quântica revela a unicidade básica do universo". Ou seja, a realidade material é uma ilusão, pois tudo é energia, assim como a mente. O próprio Niels Bohr afirmou que "tudo aquilo que chamamos de real é feito de coisas que não podem ser consideradas reais". Sendo tudo energia, não é difícil entender que a energia do universo é idêntica à de nossas mentes, e nada impede que interajam, pois "partículas elementares e os átomos formados por elas fazem um milhão de coisas aparentemente impossíveis ao mesmo tempo", conforme afirmou Lawrence M. Krauss em 2012.

Tudo é energia, tudo é mente. O princípio criador – a energia – está em tudo, de onde se conclui que "o que está em cima é como o que está embaixo", antigo postulado da filosofia hermética. Como afirmou o físico David Bohn: "Em certo sentido, o homem é um microcosmo do universo".

Diante disso, é legítimo alimentarmos, como fator de motivação, o hábito de buscar ligar nossa energia à energia do universo para aprimorar nossa sabedoria e nossas condições de existência.

Administrar a Fundação Escola Superior do Ministério Público foi um dos maiores desafios que já experimentei. A Fundação estava enfrentando um dos piores períodos de sua história e uma crise financeira sem precedentes. Por mais insólito que possa parecer, em apenas dois anos de gestão as dívidas foram quitadas, fizemos investimentos no ensino a distância e na pós-graduação e remodelamos a estrutura física e os setores administrativos, registramos o maior ingresso de alunos da história, aumentamos drasticamente o índice de motivação dos trabalhadores e fechamos o ano com balanço positivo pela segunda vez consecutiva. O mais surpreendente é que eu nunca havia tido nenhuma experiência corporativa, não conhecia o mercado e não tinha nenhuma formação administrativa. Mas, quando aceitei o cargo, tinha a convicção de que, quando precisasse, receberia ajuda.

O primeiro dos sete princípios da filosofia hermética, chamado Princípio do Mentalismo, diz que o "universo é mente". Estamos inseridos no universo como seres mentais. Esse princípio é extremamente antigo, remontando aos ensinamentos de Hermes Trismegisto. Por meio desse princípio podemos perceber que muito antes do nascimento da ciência já se dava grande importância à mente humana e seu potencial criador. Segundo essa filosofia milenar, o universo funciona como um grande pensamento divino. É a mente de um Ser Superior que "pensa" e assim é tudo que existe. É o "todo". Toda a criação principiou como uma ideia da mente divina que continua a viver, a mover-se e a ter seu ser na divina consciência. A matéria equivale aos neurônios de uma grande mente, um universo consciente e que "pensa". Carl Jung acreditava em um inconsciente coletivo que continha material arquetípico herdado e universal e do qual o inconsciente individual é apenas uma parte. Algumas tradições tratam o conhecimento universal como "registros akáshicos".

O conhecimento flui e reflui de nossa mente, já que estamos ligados a uma mente universal que contém todo o conhecimento. Não temos consciência constante de todo o conhecimento, pois seria impossível tamanho processamento de informações. O cérebro, órgão físico da nossa mente, atua como filtro para que não sejamos sobrecarregados por sensações e ideias que nos bombardeiam a cada minuto. Mas sob condições corretas de consciência podemos neutralizar a filtragem e acessar a mente universal e todo seu vasto conhecimento. Sabendo invocar a mente universal, nada é impossível, e tudo poderá ser alcançado por meio dela.

Aquilo que os místicos chamam de magia, em suas diversas formas, nada mais é do que a manifestação do pensamento e da força de vontade. Não existem poderes sobrenaturais. Todos os poderes são naturais. As coisas tratadas como sobrenaturais são decorrentes de um paradigma científico que não aceita coisas que não possam ser submetidas ao rigor probatório da ciência. Contudo, a inexistência de prova não é prova de inexistência. Todos os eventos da vida cotidiana não são mais do que obra dos nossos pensamentos, que produzem resultados específicos, de acordo com a lei de causa e efeito.

Um pensamento poderá continuar a afetar, impressionar, comover e sensibilizar depois de ter desaparecido do cérebro que o produziu. As formas de pensamento circulam no espaço, sendo atraídas e repelidas por correntes mentais similares ou opostas. Tudo que fazemos se forma primeiro no mundo astral e, depois, é realizado no plano material. É necessário pensar plasticamente, isto é, realisticamente, pois, quanto mais realista for a visão da coisa, quanto mais intenso for o desejo de que a coisa tenha existência concreta, mais rapidamente a coisa será realizada.

A PNL ensina a "ver", "ouvir" e "sentir" com realismo o que se quer. Tudo que é pensado plasticamente se realiza. Além de pensar plasticamente, existem várias atitudes ou disposições de espírito recomendadas para se obter os resultados desejados com a mentalização, sendo as principais a gratidão, o perdão e o amor. A palavra (escrita, falada ou pensada) aciona o pensamento para manifestar resultados. A ação do mentalista pode se dar por meio da imaginação criativa, da repetição, da escrita ou de outros meios, mas sempre haverá a palavra, o logos, o verbo criador ("no princípio era o verbo").

Ao usar o poder do pensamento para fazer uma afirmação que contradiz as aparências, você está formando um novo modelo mental para influenciar a matéria e, assim, criar uma nova realidade física (de saúde, dinheiro, relacionamentos etc.).

Nisso reside o poder da fé. Está escrito na Bíblia: "Eu lhes digo a verdade: vocês poderão dizer a este monte: `Levante-se e atire-se no mar', e isso acontecerá. É preciso, no entanto, crer que acontecerá, e não ter nenhuma dúvida em seu coração" (Marcos 11:23). Mas não é o texto bíblico que criou a fé e tampouco alguma religião. As religiões foram criadas por pessoas sábias que compreenderam e usaram o poder da fé. Todas as religiões do mundo representam formas de fé, e esta se explica de muitas maneiras.

A fé é um pensamento que faz com que seu poder mental tome conta de sua vida. Você tem de compreender que a Bíblia não fala de fé em algum ritual, cerimônia, forma, instituição, homem ou fórmula. Fala da fé em si. A fé de sua mente é simplesmente o pensamento de sua mente. "Tudo é possível para aquele que crê" (Marcos 9:23). Todas as suas experiências, todas as suas ações, todos os acontecimentos e circunstâncias de sua vida são mero reflexo e reações do seu próprio pensamento. O poder da fé está em confiar na capacidade inesgotável de nossos recursos mentais, pois para quem acredita firmemente em si nada é impossível, e centenas de pessoas já provaram isso ao longo da história. Foram escritas milhares de biografias sobre pessoas que construíram impérios a partir do nada apenas por acreditarem em si, pois isso significa acreditar na maior maravilha criada por Deus.

Como escreveu Joseph Murphy, "a lei da sua mente é a lei da fé. Isso significa acreditar na maneira pela qual sua mente funciona, acreditar na própria fé. A fé da sua mente é o pensamento da sua mente – isto é simples –, apenas isto e nada mais. Lembre-se: não é aquilo em que se acredita, mas a fé em sua própria mente que traz resultados" (*O poder do subconsciente*). A Teoria da Autoeficácia, desenvolvida pelo psicólogo canadense Albert Bandura em 1986 e atualizada em 1997, revela que a autoeficácia, isto é, a crença na capacidade pessoal, é a base da motivação humana e das conquistas pessoais. Segundo essa teoria, se você não acreditar que irá conseguir algo que deseja em decorrência de suas ações, terá pouco ou nenhum incentivo para atuar ou continuar atuando quando as dificuldades aparecerem.

Para ter sucesso e atrair coisas boas para sua vida, abandone falsas crenças, opiniões, superstições e terrores da humanidade. Comece a crer nas capacidades que existem em você para atrair saúde, sucesso e prosperidade. O verdadeiro milagre está dentro de você. Como disse James Allen, um dos precursores da literatura de autoajuda, "o homem é aquilo que ele pensa". Pense que você é um fracassado e você será; pense que é bem-sucedido e será. Você é exatamente o que pensa que é. Essa é uma verdade mencionada por Buda há milhares de anos:

"O que somos é consequência do que pensamos."

Regras do pensamento

Graças às regras do pensamento, sabemos que nossa mente pode ser programada de maneira positiva e motivada com experiências e visualizações de amor, felicidade, sucesso, êxito, tranquilidade, vida saudável e um progressivo aperfeiçoamento emocional, físico e mental.

Regra nº 1: todo pensamento produz uma reação fisiológica, o que significa que, se pensamos coisas boas, nosso corpo reagirá de forma positiva. O mesmo vale para os pensamentos negativos. De acordo com James Allen, quando podamos nossos pensamentos negativos e destrutivos, "todo o mundo ao nosso redor fica mais suave e pronto para nos ajudar".

Regra nº 2: todo pensamento, desde que possível, tende a se realizar em 100% das vezes, o que significa que nossos objetivos, quando realizáveis, têm uma tendência natural a se concretizarem, assim como as coisas ruins que pensamos também tendem a se realizar.

Regra nº 3: todo pensamento produz uma sensação, emoção ou desejo, o que significa que vamos traduzir nossos pensamentos em respostas sensoriais ou emocionais.

Regra nº 4: todo pensamento tende a converter-se em ação (Dr. Bernhaem, Escola de Nancy, 1837 a 1919), o que significa que o pensamento gera ações conscientes e inconscientes, como atos falhos, expressões corporais e pistas oculares.

Regra nº 5: se houver conflito entre a imaginação e a vontade, a imaginação prevalecerá (Émile Coué), o que significa que pela imaginação é possível mudar hábitos e gerar comportamentos.

Regra nº 6: pensamentos semelhantes atraem pensamentos semelhantes, pois sua fisiologia expressa o que você pensa por meio da linguagem corporal e capta vibrações compatíveis com as que você emite.

Regra nº 7: a mente não pode pensar negativamente. Se você disser "quero perder peso", a mente irá focar em "peso". Por isso, aprenda a pensar no positivo. Se quiser emagrecer, pense em ser magro.

Regra nº 8: a mente não sabe a diferença entre realidade e imaginação. Portanto, quando pensamos sobre algo, a mente esforça-se para realizar.

Atitude mental positiva

Imagine se você possuísse um talismã que permitisse realizar todos os seus desejos e sonhos. Maravilhoso? Segundo Napoleon Hill, a mente é um talismã com as letras AMP (Atitude Mental Positiva) de um lado e AMN (Atitude Mental Negativa) de outro. Para ter sucesso, é preciso usar o talismã da maneira certa, de forma positiva, simbolizada por palavras como fé, integridade, esperança, otimismo, coragem, iniciativa, generosidade, tolerância, tato, amabilidade e bom senso. Enquanto a atitude mental positiva tem o poder de atrair o que é bom e belo, a atitude mental negativa repele. Pessoas com atitude mental positiva atraem saúde, riqueza e felicidade. Hill nos ensina a memorizar diariamente: "Sinto-me feliz! Sinto-me saudável! Sinto-me fantástico!".

Numa experiência sem rigor científico, mas muito interessante, o fotógrafo japonês Massaru Emoto demonstrou a influência dos pensamentos e sentimentos positivos e negativos sobre cristais de água. O estudo de Emoto consistiu em analisar com um microscópio as moléculas de água congeladas em recipientes rotulados com palavras positivas ou negativas. Alguns recipientes continham palavras positivas como "sabedoria", "obrigado", "eterno", enquanto outros continham palavras negativas como "você me enoja" ou "mal". Após essa etapa, a água foi congelada e as moléculas foram analisadas. Os cristais da água submetidos a palavras agradáveis ficaram com uma aparência bonita, e os cristais sujeitos a palavras feias ficaram com uma aparência desagradável. A experiência também foi realizada com música. A água exposta a música clássica, por exemplo, apresentou moléculas harmônicas e mais bonitas. Partindo dessa experiência, podemos perceber o quanto os pensamentos bons ou ruins podem influenciar o corpo humano, já que este é formado essencialmente por água.

Noutra experiência, Emoto colocou três porções de arroz cozido em frascos de vidro separados. Em um deles, o cientista escreveu "eu te amo", noutro "eu te odeio", e no terceiro frasco não escreveu nada. Durante trinta dias, ele pediu aos seus estudantes que gritassem para cada um dos frascos o que estava escrito neles. Ao final dos trinta dias, o arroz do frasco com o pensamento positivo tinha começado a fermentar, exalando um aroma agradável; o arroz com a frase "eu te odeio" estava praticamente todo preto, e o arroz do terceiro frasco estava a caminho da decomposição.

Certamente você já ouviu falar em pensamento positivo, que nada mais é do que uma atitude de otimismo, coragem e motivação. Pessoas com atitude mental positiva atraem coisas boas porque são capazes de agir com foco e programar sua mente com mentalizações, frases positivas, autossugestão consciente e autopersuasão. Usam o poder da mentalização para criar imagens de sucesso em sua mente para alcançar seus objetivos. O pensamento positivo não se deixa afetar por coisas que não consegue controlar, como o mau tempo, o trânsito ou outros fatores externos. É uma atitude mental que gera ação e motivação em qualquer circunstância.

Isso não significa ignorar a realidade e deixar de enxergar os problemas, vivendo no mundo da fantasia. Significa encarar a vida de frente, com responsabilidade e otimismo. Conforme o conselho de Wayne Dyer, reproduzido no livro de Richard Carlson (*Não faça tempestade em copo d'água*): "Existem duas regras para viver em harmonia: 1ª) Não fazer tempestade em copo d'água; 2ª) Tudo é um copo d'água".

Uma pessoa com atitude mental positiva comemora cada sucesso com alegria e gratidão, jamais percebendo a derrota como um fracasso e sim como aprendizado. Um problema é sempre uma oportunidade.

Pessoas com atitude mental positiva desenvolvem a "sublime obsessão" de ajudar e têm como lema que "toda ocasião é uma grande ocasião".

Mesmo que estejamos sujeitos a toda sorte de imperfeições, devemos aprender a identificar estados negativos como ciúme, inveja, ira e medo, e a eliminá-los no instante em que aparecem. Pessoas com pensamento positivo amam a vida, amam a si mesmas e aos demais, e cuidam de sua saúde para poder desfrutar ao máximo de sua existência, mantendo sentimentos altruístas e compartilhando seus êxitos com as outras pessoas. Pessoas positivas gostam de elogiar as pessoas ao invés de criticá-las. Sabem dar feedbacks. Além disso, pessoas com pensamento positivo sabem viver a vida com um propósito, sabem o que querem e aonde querem chegar. É uma atitude mental típica de vencedores!

O pensamento positivo, portanto, é uma atitude mental que pode e deve ser apreendida e exercitada, pois, como ensina a PNL, não existem pessoas sem recursos, mas estados carentes de recursos. Quanto mais pautarmos nossa vida por pensamentos positivos, mais atitudes positivas adotaremos, o que significa ter uma existência muito mais intensa, feliz e bem-sucedida. Está cientificamente comprovado que não é o sucesso que gera otimismo; é o otimismo que gera sucesso.

A Lei da Atração

Conforme escreveu Paulo Coelho: "Quando você quer alguma coisa, todo o universo conspira para que você realize o seu desejo". A Lei da Atração pode ser definida da seguinte forma: atraímos para nossa vida qualquer coisa à qual dedicamos atenção, energia e concentração, seja ela positiva ou negativa.

Segundo a Lei da Atração, pensar no que não quer atrai o que você não quer, mas, se pensar no que realmente deseja, você atrairá isso para sua vida. Pensar em coisas boas, portanto, é uma excelente maneira de ocupar a mente, fazendo com que coisas boas aconteçam em sua vida.

A física quântica tem sido um terreno fértil para o estudo comparativo dos postulados do mentalismo experimental. Muitos autores dizem que a Lei da

Atração tem suas raízes na física quântica. Segundo a Lei da Atração, os pensamentos possuem uma energia que atrai energias semelhantes, e para controlar esta energia é preciso praticar quatro coisas: 1) saber o que você quer; 2) pensar no que você quer com bastante convicção; 3) sentir e se comportar como se o objeto de seu desejo estivesse a caminho; 4) estar aberto para recebê-lo.

Algumas pessoas entendem que usar a Lei da Atração significa pensar "eu quero ser rico" e começar a gastar dinheiro, comportando-se como tal, enquanto esperam passivamente o dinheiro aparecer em sua conta bancária. Como é triste ver pessoas inteligentes deixando sua mente ser enganada por falsas promessas de êxito sem nenhum esforço. Será que posso orientar um aluno a ficar pensando "eu quero ser aprovado" e esperar seu nome na lista de aprovação? Será que ele não precisará estudar com afinco e fazer a prova? É óbvio que a Lei da Atração não funciona assim. Você precisa fazer a sua parte. "Esforça-te e tem bom ânimo", é o conselho bíblico (Josué 1:6), em que já se pode ver que para ter sucesso é preciso motivação e ação. Falarei disso mais adiante, mas você precisa entender agora que para atrair o que deseja deve fazer sua parte, pois como disse Deepak Chopra em As *sete leis espirituais do sucesso*, o universo funciona mediante trocas.

Procure usar a Lei da Atração quando estiver na cama, com a mente relaxada, prestes a dormir. Imagine o que você deseja e diga, mentalmente, eu quero. Quanto mais detalhada sua visão, melhor. Se você deseja um emprego, veja a si mesmo desempenhando sua nova função. Se há uma pessoa pela qual você é apaixonado, veja-se com essa pessoa, viva um romance com ela em sua mente. Sinta intensamente o modo como você estará depois de receber o desejo. Na sua imaginação, você deve agir, falar e pensar como se estivesse recebendo o desejo agora. Ao acordar, volte a imaginar e pedir o que deseja. Entusiasme-se com a perspectiva de receber algo tão importante para você. Essa prática irá aos poucos criando as condições materiais para a realização de seu desejo, até que ele finalmente irá se realizar. Não tenha pressa, apenas deixe que seu pensamento e suas ações criem as condições para o que você deseja. Ao receber, mostre gratidão. Seja grato por aquilo que você já tem e também por todas as coisas que o universo continua dando a você.

Mente e cérebro

Segundo a neurociência, o que chamamos de mente é resultado da atividade cerebral. O cérebro move e dá forma à mente, ou seja, é o órgão físico da mente. Porém, mesmo conhecendo a fisiologia e o funcionamento do cérebro, a mente continua sendo um grande mistério para os cientistas, que não conseguem explicar como um órgão material pode produzir algo imaterial como a consciência. O professor de filosofia David Chalmers chamou essa inabilidade científica de compreender como algo imaterial pode surgir do cérebro de "o difícil problema da consciência". Curiosamente, Hans Berger, inventor do eletroencefalograma (EEG), usado clinicamente para medir ondas cerebrais, criou esse dispositivo como meio de investigar a telepatia após ter vivido uma experiência telepática extraordinária com sua irmã.

O cérebro é o produto de uma longa evolução. Os cientistas costumam dizer que nossa cabeça contém um cérebro lagartixa-esquilo-macaco, conhecido como cérebro triuno. A parte mais antiga do cérebro é o cérebro reptiliano (lagartixa), tem cerca de 500 milhões de anos e regula nossas funções centrais: respiração, sonho, despertar, ritmo cardíaco etc. O cérebro límbico (esquilo) tem cerca de 200 milhões de anos e se refere a tudo que tem a ver com nossa sobrevivência: fugir ou lutar, alimentação, reprodução. Aqui está localizada uma parte central das emoções: a amígdala, responsável pelas emoções – raiva, medo, prazer etc. – e as lembranças que elas geram. Além disso, no cérebro límbico estão o hipocampo, que converte a memória de curto prazo em longo prazo, e o tálamo, que controla os sentidos.

No topo desse sistema está a parte mais nova do cérebro, o córtex cerebral, identificado também como neocórtex (neo = novo), justamente por tratar-se da parte mais nova dentro da escala evolutiva, sendo considerada a nossa "mente racional". O córtex é altamente especializado na visão, na fala, na memória e em todas as funções executivas. O córtex é o responsável por nossa sobrevivência. Permanecemos no planeta não por sermos mais fortes, mas por sermos mais inteligentes.

Mais inteligência significou um córtex cada vez maior. Para nascer com um cérebro maior, passando pelo canal vaginal com essa característica, a natureza encontrou uma solução interessante: um cérebro maior, porém dobrado, o que confere a forma rugosa ao cérebro, semelhante a um miolo de noz, a fim de que o tamanho da cabeça não fosse um problema para a reprodução. Embora não pareça, o cérebro humano tem uma superfície aproximada de dois metros quadrados. Outra solução encontrada pela mãe natureza é o fato de que os bebês humanos precisam terminar seu desenvolvimento fora do útero, o que os torna extremamente vulneráveis nos primeiros anos de vida. Isto é, nascemos com cabeça pequena para passar pela pélvis da mãe e muito antes de poder enfrentar o mundo. Isso fez com que nossos antepassados desenvolvessem habilidades sociais, pois as fêmeas precisavam ficar com suas crias mais tempo e precisavam dos machos para proteção e comida. Foi necessário maior interação e trabalho de grupo, criando novas estruturas sociais que fizeram com que o cérebro continuasse crescendo em tamanho e complexidade, desenvolvendo empatia, altruísmo e construindo vínculos.

Nosso novo cérebro nos separa do resto dos animais e apresenta capacidades extraordinárias como pensamento lógico, linguagem, compreensão de símbolos e metáforas, matemática. Nesse momento evolutivo surge o córtex pré-frontal (localizado na região da testa), que nos permite movimentos mais refinados nas mãos para criar instrumentos e socializar com os demais membros da tribo para dominar os perigos e os ambientes, propiciando acordos de cooperação e trabalho em equipe. Nosso primeiro ancestral direto, o *Homo sapiens*, apareceu cerca de 100 mil anos atrás, quando se desenvolvia o córtex pré-frontal. Há 40 mil anos, começamos a pintar rochas, esculpir e fabricar joias e adereços. Acredita-se que apenas uns dois mil indivíduos formavam a tribo de nossos primeiros ancestrais africanos. Hoje somos mais de sete bilhões. Isso foi possível não porque nos ocupamos de vencer o ambiente e sim de nos adaptar a ele.

Graças ao córtex pré-frontal, melhoramos como caçadores e nos perpetuamos sobre a Terra. Essa região do cérebro é uma das que mais consome energia, uma vez que é responsável por compreender, decidir racionalmente, memorizar, recordar e inibir pensamentos.

O cérebro está dividido em dois hemisférios por fibras nervosas de cor branca, chamadas de corpo caloso (feixes de axônio envoltos em mielina). Cada lado do nosso corpo é comandado pelo hemisfério oposto, ou seja, o lado direito está regido pelo hemisfério cerebral esquerdo e vice-versa. O hemisfério esquerdo é responsável pelo pensamento lógico e pela linguagem verbal, enquanto o hemisfério direito é responsável pelo pensamento simbólico e pela criatividade. Essas funções estão invertidas nos canhotos. Fala-se que o hemisfério esquerdo é dominante em 98% dos humanos, pois nele estão localizadas a Área de Broca, responsável pela fala, e a Área de Wernickie, responsável pela compreensão verbal. Para falar, é preciso ter intacta uma parte do cérebro localizada sob a têmpora do lado esquerdo. Se a mesma porção do lado direito for afetada, a fala não será afetada. Um erro nessa lateralização pode gerar distúrbios como a gagueira, por exemplo, que ocorre quando o hemisfério direito resolve "falar", gerando conflito entre os dois hemisférios. Com a ajuda da melodia, entram em cena mecanismos de supervisão que reduzem o conflito entre os hemisférios, normalizando a fluência verbal. É por isso que um gago pode cantar normalmente.

Embora o hemisfério esquerdo seja dominante, como já dissemos, o hemisfério direito é fundamental para a criatividade e a solução de problemas. Existem exercícios que estimulam o hemisfério direito. Experimente ler uma história de ficção ou um conto imaginativo, fazer silêncio, participar de brincadeiras e jogos lúdicos como o teatro e a mágica. No livro *Os 7 hábitos das pessoas altamente eficazes*, Stephen Covey aconselha a utilizar o cérebro como um todo. Segundo Covey, "o ideal seria cultivar e desenvolver a capacidade de ter um bom trânsito entre as duas partes do cérebro, de forma que a pessoa possa primeiro sentir o que a situação pede e depois usar a ferramenta apropriada para tratar o problema. Mas as pessoas mostram tendência para ficar na 'zona de conforto' de seu hemisfério dominante, tratar cada situação de acordo com uma preponderância do lado esquerdo ou direito do cérebro".

Para estimular o lado direito do cérebro, você pode fazer o seguinte: dormir de dia, estimular a imaginação visitando uma galeria de arte ou ouvindo música, andar ou se exercitar, ter um hobby. Se quiser estimular o hemisfério esquerdo, siga uma receita passo a passo, use GPS para dirigir e faça palavras cruzadas. Para integrar os dois hemisférios, use a mão não dominante para realizar tarefas simples, como escrever seu nome, usar talheres ou escovar os dentes.

Nosso sistema nervoso se divide em dois: sistema nervoso central e sistema nervoso periférico. O sistema nervoso periférico (SNP) engloba os nervos fora do cérebro e a medula espinhal, bem como os nervos cranianos-espinhais e gânglios periféricos. O sistema nervoso central (SNC) é constituído pelo encéfalo e pela medula espinhal. Localizado no interior do crânio, o encéfalo é o centro de controle das atividades corporais: consciência, pensamento, memória, emoção, além, é claro, das funções vitais. É ele, portanto, que nos permite identificar, perceber e interpretar o mundo à nossa volta.

Para ter uma ideia da anatomia do encéfalo, imagine um sorvete de casquinha. O cone seria o equivalente ao tronco cerebral, coberto por uma enorme bola de sorvete de creme que corresponde ao cérebro. A mão de uma criança segurando o cone equivaleria ao cerebelo. O cérebro pesa aproximadamente 1,4kg. Na base do encéfalo está o tronco cerebral, responsável pela excitação e regulagem corporal como a deglutição e a frequência cardíaca. O cerebelo é uma estrutura afiliada, localizada na parte posterior do tronco cerebral, que coordena os movimentos do corpo ao utilizar as informações enviadas pelo cérebro a respeito dos membros.

O cérebro é a parte superior do encéfalo e tem o aspecto de um miolo de noz dividido em quatro regiões chamadas de lobos: frontal, parietal, occipital e temporal. O lobo frontal se localiza na região da testa e está associado à atividade motora, articulação da fala, pensamento e planejamento – responsável por cognição e memória. O lobo parietal fica na região central do crânio e responde pela interpretação das sensações e pela orientação do corpo. O lobo occipital está localizado na nuca e interpreta a visão. Nos lobos temporais, acima das orelhas, as emoções e a memória são trabalhadas, fornecendo ao indivíduo a capacidade de identificar e interpretar objetos ao recuperar informações passadas.

O córtex cerebral corresponde à camada mais externa do cérebro, formada por tecido rugoso de cerca de dois milímetros de espessura, sendo responsável por funções complexas como memória, atenção, consciência, linguagem, percepção e pensamento. Constituída por massa cinzenta, essa estrutura permitiu ao ser humano desenvolver a cultura, já que induziu a elaboração do pensamento abstrato e das representações simbólicas. Nos mamíferos, essa parte do cérebro é chamada de neocórtex, pois se apresenta mais evoluída que nas outras espécies, sendo a camada mais nova do córtex. A base do cérebro é composta por gânglios basais, tálamo e hipotálamo, atuando na coordenação de movimentos, organização da transmissão e recepção das informações sensoriais e atividades automáticas do corpo, respectivamente.

O cérebro comanda nossa vida. Mas é verdade que namorar, jogar futebol, assistir à televisão, vestir-se, dormir, ter uma ideia genial, seja o que for, tudo, absolutamente tudo, começa num neurônio. Um neurônio é uma célula, parecendo um ovo frito pisado, com vários ramos "escabelados", composta de três partes: corpo celular, axônio e dendritos. No corpo celular está o núcleo, contendo cerca de dois metros de DNA. Os dendritos recebem as mensagens de outros neurônios.

Chamamos de matéria cinza a soma de todos os corpos celulares dos neurônios e de matéria branca os axônios e outras células conhecidas como neuroglias ou simplesmente glias. Essas últimas têm função de suporte, protegem os axônios e reciclam os mensageiros químicos do cérebro, cujos mais conhecidos são:

- Glutamato: excita os neurônios que recebem informação;
- Gaba: inibe neurônios que recebem informação;
- Serotonina: regula o apetite mediante a saciedade, equilibra o desejo sexual, controla a temperatura corporal, a atividade motora e as funções perceptivas e cognitivas;
- Dopamina: relacionada à atenção e às recompensas, promove o comportamento de aproximação;
- Norepinefrina: alerta e excita;
- Acetilcolina: promove a aprendizagem e a atenção;
- Opioides: regulam o estresse, reduzem a dor e produzem prazer (inclui o grupo das endorfinas);
- Oxitocina (ou ocitocina): promove o comportamento de aproximação e o afeto;
- Vasopressina: mantém o vínculo entre casais, sendo que nos homens pode provocar rivalidade sexual e agressividade;
- Cortisol: liberado numa situação estressante;
- Estrogênio: homens e mulheres têm receptores de estrogênio, que afeta a libido, o humor e a memória.

O cérebro humano tem cerca de 100 bilhões de neurônios, cuja principal função é se comunicar por meio de sinapses. As conexões são a base do aprendizado. Quanto mais conexões existem, maior nossa capacidade cerebral. Essas células complexas transmitem as informações sinápticas por meio de impulsos elétricos que levam informações aos nervos, músculos e glândulas. Cada neurônio apresenta de mil a dez mil conexões sinápticas. Você sabe o que isso significa? Que o número estimado de trocas e combinações de atividade cerebral dentro desta rede é maior do que o número de partículas elementares no universo.

Você certamente já ouviu dizer que a mão é mais rápida que os olhos. Quando um mágico realiza alguma de suas façanhas, geralmente é o cérebro, e não os olhos, que ele está iludindo, porque é com o cérebro e não com os olhos que enxergamos. Então, a mão não é absolutamente mais rápida que os olhos. Os olhos captam a luz e fazem o foco, mas o cérebro dá sentido à cor, à profundidade, à forma, às expressões etc.

Os nossos sentidos (visão, olfato, audição, tato e paladar) recebem informações do mundo que nos rodeia. Essas mensagens são enviadas como impulsos sensoriais primeiramente ao tálamo e depois para as regiões do córtex cerebral específicas de cada sentido. Dessa maneira, o cérebro as reúne, organiza e armazena. De forma adequada, transmite impulsos nervosos que ditam o comportamento motor e mantêm as funções do corpo, como batimento cardíaco, pressão arterial, balanço hídrico e temperatura corporal. Qualquer estímulo sobre os sentidos tem uma forte influência em nossos pensamentos, emoções e personalidade. As cores, por exemplo, exercem muita influência em nossas emoções: estudos revelam que o vermelho é associado ao perigo e desperta mais atenção, mas o azul relaxa, pois está associado ao mar, enquanto o verde favorece a criatividade por sua ligação com a natureza. O simples fato de colocar plantas no escritório aumenta em 15% a geração de ideias.

Uma imagem vale por mil palavras? Exatamente, pois a visão e as palavras afetam o cérebro de forma diferente. Está comprovado que a aprendizagem multissensorial é muito mais eficiente do que quando utilizamos apenas um de nossos sentidos. Isso porque, para o cérebro, as palavras são vistas como pequenas imagens. Esse é o fundamento da terapia baseada nas cores, ou seja, a cromoterapia. Por outro lado, a aromaterapia usa os aromas para auxiliar a cura de doenças.

O olfato é o nosso sentido mais primitivo e, portanto, o único que afeta prontamente a amígdala, estando diretamente relacionado a nossas emoções e memória. Boa parte do sabor que sentimos está associada ao olfato. É por isso que, num forte resfriado, não sentimos o sabor dos alimentos. Nosso olfato, assim como nosso paladar, nos permite não apenas sentir o sabor, como nos protege de potenciais toxinas. Mas é no útero materno que se desenvolve o primeiro dos nossos sentidos: o tato. Esse sentido é de extrema importância, pois sem ele não haveria a reprodução e desapareceríamos como espécie. A falta de contato físico na infância é uma das possíveis causas de depressão infantil. O tato é responsável pelas cócegas, mas é impossível alguém fazer cócegas em si mesmo, não é verdade? Isso ocorre porque o cérebro controla os movimentos e se antecipa ao resultado, pois o cerebelo distingue os próprios dedos dos de outra pessoa. O tato é responsável também pela dor e pelo prazer. Um dado interessante é que o cérebro não dói. A pior dor de cabeça dificilmente será um problema com o cérebro, embora, claro, tudo em nosso corpo esteja relacionado a ele.

Um sentido pouco conhecido é a chamada propriocepção, responsável por registrar a posição e o movimento do corpo no espaço. Em neurociências, isso é conhecido como o sexto sentido. Alguns cientistas chamam de sexto sentido a capacidade de detectar certos sinais químicos enviados por outros indivíduos por meio de substâncias chamadas feromonas. Estudos revelam ainda que as mulheres possuem uma capacidade inata de captar sinais corporais inconscientes – a chamada linguagem corporal –, o que, para muitos, constitui o sexto sentido feminino.

Além disso, as mulheres também podem falar e pensar entre dois e quatro temas ao mesmo tempo e utilizam em média 15 mil palavras por dia, enquanto um homem utiliza aproximadamente 7 mil. Chama-se cinestesia a capacidade, ainda muito estudada, de algumas pessoas de dar cor ou formato a sons. É um fenômeno que ocorre quando os sentidos se misturam, como se alguns circuitos neuronais se cruzassem no cérebro.

O comportamento humano está condicionado a alguns mecanismos, especialmente os seguintes:

Recompensa: existe em nossa mente um "sistema de recompensa", localizado no núcleo accumbens, movido a dopamina, base molecular dos vícios, que faz com que os seres humanos tenham a tendência natural de buscar o prazer e fugir do desprazer, sendo que a busca do prazer é mais forte na medida que estamos dispostos a correr riscos para obter o que nos dá prazer. Essa é uma importante descoberta para auxiliar nos processos de aprendizagem e de mudança comportamental. Muito antes do surgimento da neurociência,

Sigmund Freud havia detectado nosso mecanismo de recompensa, que ele denominou princípio do prazer.

Luta-fuga: temos dois sistemas competindo em nosso corpo: o simpático e o parassimpático. Diante de uma ameaça, o sistema simpático ativa a resposta "luta ou fuga", impulsionado pela norepinefrina, aumentando os batimentos cardíacos e a pressão arterial e produzindo a respiração ofegante. De outro lado, o sistema parassimpático é responsável pela reação de "pare e reflita", pois nem toda ameaça é real.

Muitas de nossas ações impulsivas estão relacionadas a esses dois mecanismos. Essas ações impulsivas podem representar o fim de um relacionamento ou de uma dieta, entre tantas outras coisas. Por isso, é preciso controlar esses estados, pois eles passam em instantes. Ao sentir um impulso indesejado, como devorar a barra de chocolate e pôr fim à dieta, faça uma pausa, respirando profundamente e endireitando as costas, pois isto oxigenará o cérebro e permitirá o transporte mais rápido dos neurotransmissores da medula espinhal até o restante do corpo.

Mente e corpo como sistema

Imagine que você está caminhando pela rua e passa por uma tentadora confeitaria, com doces incríveis na vitrine. Antes que possa "pensar duas vezes", você entra impulsivamente e é invadido pelo aroma das iguarias, então começa a salivar. O sistema dopaminérgico em sua mente entra em ebulição, prometendo as merecidas recompensas por estar ali. Diante da simples expectativa de ingestão de açúcar, a fim de se proteger de um "pico" hiperglicêmico, o cérebro determina ao restante do corpo que consuma o açúcar do sangue. Essa queda do açúcar em circulação faz com que sua mente deseje ainda mais a tal bomba de chocolate. Não há dúvida: mente e corpo se influenciam mutuamente. As células do cérebro e do corpo possuem a mesma estrutura, apesar de formas diferentes. Muitas células fora do cérebro contêm receptores de neurotransmissores. A diferença entre os neurônios e as outras células de corpo é que eles apresentam atividade elétrica. As únicas células que apresentam atividade elétrica fora do sistema nervoso são as cardíacas.

Há um pressuposto da PNL que diz que "mente e corpo são partes de um mesmo sistema". Isso significa que é possível mudar a fisiologia por meio da mente e vice-versa. Uma pessoa produz saliva ao pensar numa comida de sua preferência, o que demonstra que o pensamento influencia a fisiologia.

A via contrária também funciona. Experimente o seguinte exercício: durante dez segundos, cerre os dentes e aperte os maxilares, abaixe as sobrancelhas e olhe para um ponto fixo à sua frente. Você logo se sentirá irritado. Isso ocorre porque as emoções não acontecem apenas na mente, mas no corpo inteiro.

Uma técnica que eu ensino às pessoas para mudar seu estado emocional é dar gargalhadas. Se estiver triste ou estressado, preparando-se para uma reunião ou uma prova, experimente ficar alguns minutos dando gargalhadas. Você verá que em pouco tempo seu estado mental irá se transformar de triste para alegre ou de estressado para tranquilo.

Às vezes precisamos de coragem, certo? Experimente assumir uma postura de coragem. Cerre os punhos e faça cara de mau, apertando os dentes e contraindo o abdome. Fique assim por alguns instantes e logo você sentirá a coragem vibrando em seu corpo e contagiando sua mente.

RESUMO

1. Use a Lei do Mentalismo para se conectar com a sabedoria universal. Relaxe e deixe a sabedoria universal fluir por sua mente. Mantenha a mente aberta e receptiva aos fluxos de inspiração.

2. Use o poder da fé para atingir seus objetivos. Acredite no poder de sua mente, que é capaz de realizar verdadeiros milagres.

3. Use seus pensamentos para alterar sua fisiologia. Quando estiver triste, dê gargalhadas; quando estiver com medo, cerre os punhos e faça "cara de mau". Faça sua mente reagir!

4. Tenha uma atitude mental positiva. Mantenha-se otimista e motivado por meio de constante autossugestão consciente, autopersuasão e mentalizações positivas, repelindo os maus pensamentos e emoções ruins. Desenvolva a "sublime obsessão" de ajudar e repita diariamente "Sinto-me feliz! Sinto-me saudável! Sinto-me fantástico!".

5. Use a Lei da Atração para atrair coisas boas para sua vida. Não pense no que não quer. Atraia saúde, amor e riqueza com seus pensamentos. Saiba o que quer, peça com convicção, receba e demonstre gratidão.

SEGREDO Nº 2

A MENTE OCULTA

"Há uma mina de ouro dentro de você, da qual pode extrair tudo aquilo de que necessita para levar uma existência gloriosa, repleta de alegria e fartura."
– Joseph Murphy

Totem da ousadia humana, orgulho da engenharia náutica, colosso de 269 metros de comprimento e 46 mil toneladas, obra-prima de 7,5 milhões de dólares, o RMS Titanic, *tido e havido como inexpugnável pelos mais insuspeitos especialistas, soçobrou em sua viagem inaugural. Ao colidir com um iceberg nas últimas horas do dia 14 de abril, o navio afundou e levou consigo a vida de mais de 1.500 pessoas nas águas gélidas do Atlântico Norte. Ao choque e à incredulidade pela notícia, soma-se agora, no rescaldo da acachapante tragédia, a ânsia pelas respostas às perguntas que não querem calar. Como um gigante do porte do* Titanic *pode ter simplesmente afundado pelo choque com um iceberg? (Revista* Veja, *edição extra, abril de 1912)*

Murray Gell-Mann, físico ganhador do Prêmio Nobel que propôs a teoria dos quarks como partículas fundamentais da matéria, afirmou que "há muitos processos mentais fora da consciência que diferem dos processos mentais racionais. Creio ser essa a parte mais importante da psicologia humana". A mente humana funciona em níveis. Um desses níveis trabalha independentemente de nossos pensamentos e vontades, como se estivesse submerso. Sigmund Freud usou a metáfora do iceberg para representar duas partes da mente: consciente e inconsciente. Segundo Freud, a parte visível da mente é o consciente, mas a maior parte da atividade mental é o inconsciente, e é justamente a que está submersa. Freud também dividiu a mente em *ego*, *superego* e *id*. O id é a parte da mente que guarda nossos instintos, sendo o repositório de nosso conhecimento biológico e instintivo, produto de séculos de evolução, sem qualquer influência da lógica ou da realidade exterior. À medida que o ser humano cresce e se desenvolve, vai tomando consciência de si mesmo e constituindo um ego, que ajuda o indivíduo a satisfazer suas necessidades de forma realista, segundo os limites da sociedade, e não apenas de acordo com os instintos. O superego é o repositório moral do indivíduo, construído a partir dos valores da família e da sociedade, devendo controlar os impulsos do id e direcioná-los à satisfação por meio do ego, sendo o responsável por sentimentos de culpa que ocorrem quando o ego transgride regras morais ou se submete ao id. A saúde mental decorre do equilíbrio entre ego, superego e id.

Muitos chamam a parte oculta da mente de subconsciente. No século passado, o americano Joseph Murphy escreveu um livro chamado *O poder do subconsciente*, no qual ensinou as pessoas a explorarem a parte oculta da mente para obter saúde, prosperidade e sucesso no plano pessoal, profissional e financeiro. O livro de Murphy tornou-se um dos maiores sucessos editoriais de todos os tempos, despertando milhões de pessoas para os poderes ocultos da mente humana.

Por sua vez, o psicólogo israelense Daniel Kahneman, ganhador do Prêmio Nobel de Economia e autor do livro *Rápido e devagar*, explica o funcionamento da mente como dois sistemas, Sistema 1 e Sistema 2. Cada um desses sistemas é um conjunto de processos mentais envolvendo várias regiões do cérebro. Enquanto o S2 é lento e racional, pois é o próprio pensamento, a consciência, o S1 é intuitivo, rápido, emotivo, inconsciente e automático. É o S1 que está em funcionamento quando temos um pressentimento ao conhecer alguém ou dirigimos para casa sem pensar no caminho. É essencial à nossa sobrevivência, pois é o que detecta ameaças. O problema é que o S1 usa regras instintivas e rudimentares, muitas vezes erradas para dosar o medo. Quando nos lembramos de uma ameaça, por exemplo, o S1 entra em ação, embora não estejamos diante de uma ameaça real. Além disso, o S1 é fortemente influenciado pelo medo de outras pessoas, ou seja, o medo é contagioso. O S1 é o "autor secreto" de muitas escolhas e julgamentos que fazemos, mesmo aquelas mais refletidas, como o local onde vamos passar as férias.

A Mente Oculta ainda é um mistério para a ciência, que aos poucos começa a desvendar seu funcionamento. Sabe-se que é sentimental, irracional, imagética e atemporal. Portanto, não tem juízo crítico, e seu conteúdo é totalmente avesso a regras. É responsável por comandar nossos processos fisiológicos, guardar informações não processadas conscientemente e gerar comportamentos inconscientes. Nada escapa à parte oculta da mente, cada ruído ou imagem que nossa atenção despreza é captada pela Mente Oculta. É natural que uma estrutura tão poderosa e desconhecida seja tratada como um manancial de tesouros psíquicos e uma fonte inexplorada de poder. Segundo a psicanálise, esse conteúdo oculto se manifesta por meio de atos falhos, neuroses, sonhos e fobias. Porém, é possível acessar a Mente Oculta por meio de hipnose e outras técnicas, a fim de utilizar esse gigantesco manancial de conhecimento adquirido em milênios de evolução. Conforme escreveu Gary Bertwistle: "Seu subconsciente é como uma panela gigante. A melhor forma de usá-lo é jogar todas as informações dentro dele, colocar a tampa, afastar-se, deixar ferver e voltar mais tarde – cozinhar em fogo brando" (*Quem roubou minha motivação?*).

Intuição

Lao Tsé foi um mítico filósofo e alquimista chinês. Sua imagem mais conhecida o representa sobre um búfalo, sendo que o processo de domesticação desse animal é associado ao caminho da iluminação nas tradições zen-budistas. Lao Tsé escreveu uma das obras fundamentais do taoísmo: o *Tao Te Ching*, um dos livros mais influentes e traduzidos em todo o mundo. Há mais de dois mil anos Lao Tsé disse: "Será que você deixará que sua cabeça sobrepuje a sabedoria do seu coração?".

Certamente você já teve um mau pressentimento ou uma sensação de não simpatizar com alguém que acabou de conhecer. O que costumamos chamar de "feeling", palpite, inspiração, agouro, sentimento, sexto sentido, voz interior, enfim, é na verdade uma manifestação mental respeitada pelos sábios de todos os tempos e que tem sido estudada pela neurociência com descobertas surpreendentes.

Aristóteles concluiu que apenas a intuição e a ciência constituíam modalidades sempre verdadeiras de conhecimento. O termo intuição vem do vocábulo latino *intuere*, que significa "ver por dentro". Para a filosofia grega, a intuição é o entendimento imediato, uma visão produzida sem o uso dos sentidos, da experiência corriqueira e, em sua forma pura, nem mesmo da razão.

Segundo os cientistas, a quantidade de informação com que podemos lidar está estimada entre dezesseis e cinquenta bits por segundo. Se fôssemos processar tantas informações, nosso cérebro "travaria" à semelhança de um computador. É a função oculta da mente que realiza o processamento das informações que nossa mente consciente não consegue processar. Assim como a maioria dos nossos processos mentais, a tomada de decisões também ocorre no nível inconsciente. As decisões são baseadas em milhares de fatores, mas nossa mente consciente não está preparada para processar um número tão grande de informações simultâneas, ao passo que o inconsciente evoluiu para processar essa infinidade de dados e direcioná-los à satisfação do instinto de sobrevivência, o que faz com que as decisões sejam tomadas primeiro num nível emocional e inconsciente para só um segundo mais tarde serem chanceladas pela razão.

Usamos a razão para projetar edifícios, realizar cirurgias, resolver equações matemáticas, argumentar, mas é a Mente Oculta que nos salva na hora de evitar picadas de cobra, carros em alta velocidade ou pessoas potencialmente perigosas. Nestas situações, recebemos da Mente Oculta um sinal de alerta.

Conforme afirma o cientista Leonard Mlodinow, professor do Instituto de Tecnologia da Califórnia, no livro *Subliminar – como o inconsciente influencia nossas vidas:* "Nós não percebemos conscientemente tudo que nosso cérebro registra, por isso nossa mente inconsciente pode perceber coisas que a consciente não percebe. Quando isso acontece, temos um estranho pressentimento a respeito do nosso parceiro de negócios, ou um palpite acerca de um estranho".

Com tamanha capacidade para armazenar informações, não há dúvidas da enorme sabedoria acumulada em nossa Mente Oculta, que podemos usar para tomar decisões mais adequadas, fazer escolhas mais felizes e praticar atitudes mais salutares e prósperas. Os tomadores de decisões começaram a entender que a lógica pura não tem capacidade de enfrentar a quantidade de informação e incerteza do mundo. Assim, sem abandonar a lógica e a razão, eles usam a única qualidade capaz de domar tais circunstâncias: a intuição.

A intuição tem sido usada no ambiente corporativo, tecnológico, científico, na medicina, enfim, para suprir a nossa impossibilidade de lidar com tanta informação e incerteza em tão pouco tempo. Evidentemente, não é a intuição pura e simples que faz o trabalho, mas uma combinação de experiência, conhecimento e valores. Conforme disse Krishna ao jovem e claudicante guerreiro Arjuna no *Bhagavad-Gita*: "Dei-te palavras de visão e sabedoria mais secretas que os mistérios ocultos. Pondere-as no silêncio da tua alma e, depois, em liberdade, faça a tua vontade".

O poder da Mente Oculta

Existe um poder dentro de cada um de nós que pode ser ativado pelo pensamento. Se você acredita em algo sem restrições e faz um retrato disso em sua mente, remove os obstáculos mentais para que seu desejo se concretize. Assim, qualquer pessoa pode transformar em realidade aquilo em que acredita. A mente oculta, ao aceitar uma ideia, começa imediatamente a pô-la em prática. Dessa forma, para se alcançar o sucesso e o êxito é necessário unicamente conseguir que sua mente aceite a ideia de sucesso, êxito, saúde, tranquilidade ou a posição social que se deseja.

O Dr. Joseph Murphy, autor do best-seller *O poder do subconsciente,* afirma: "O seu subconsciente controla todos os processos vitais de seu corpo e conhece as soluções de todos os problemas. Minutos antes de adormecer, faça um pedido específico ao seu subconsciente e prove a si próprio o seu poder de operar milagres. O que você grava em seu subconsciente se expressa no cenário do espaço como condicionamento, experiências e acontecimentos. Deve, portanto, vigiar cuidadosamente todas as ideias e pensamentos da sua mente consciente".

A psicanálise ensina que o consciente protege o inconsciente, filtrando as mensagens que entram e reprimindo conteúdos que devem ser esquecidos, para que esses não se manifestem. O consciente funciona como uma "sentinela" da mente. Pela sugestão, especialmente antes de dormir, quando a "sentinela" está relaxada, é possível "bombardear" a Mente Oculta com mensagens positivas.

Assim como o inconsciente tende a realizar conteúdos indesejados por meio de atos falhos e neuroses, também irá realizar as coisas boas que lhe forem enviadas. É preciso usar a autossugestão, principalmente durante os instantes antes de dormir, quando a mente consciente está mais passiva. Desse modo, a mente consciente não opõe resistência às sugestões, removendo obstáculos que impedem a realização de nossos objetivos.

A Mente Oculta aceita tudo que lhe é sugestionado de forma vigorosa e constante, mesmo que seja falso. Portanto, é preciso ter cuidado com o que pensamos e dizemos. Se você pensa ou diz "não posso", "não consigo", "não sou capaz", sua Mente Oculta irá transformar essa ideia em realidade. Para usar o poder da Mente Oculta, sempre que for dormir, use o poder da sugestão e da fé. A sugestão é uma mensagem clara à Mente Oculta por meio de uma prece, palavras, ordens ou imagens. Quanto mais realista for a imagem do que for solicitado, quanto mais intensa for a ordem dada, quanto mais fervorosa for a prece, mais forte será a resposta. A fé não tem o sentido dado pela religião.

Fé significa a convicção do pensamento, a certeza de alcançar o desejado. Por exemplo, à noite, antes de dormir, ponha em ação a seguinte técnica: repita a palavra "riqueza" calmamente, sem esforço, sentindo-a em toda a plenitude. Repita-a interminavelmente, como um acalanto. Embale-se até cair no sono com essa única palavra: "Riqueza". Ficará surpreendido pelos resultados, pois sua mente começará a trabalhar naturalmente para atrair riqueza.

Muitos cientistas já compreenderam a verdadeira importância da Mente Oculta. Edison, Marconi, Kettering, Poincaré, Einstein e muitos outros já a utilizaram. O famoso químico Friedrich von Stradonitz trabalhava exaustivamente numa tentativa de reagrupar os seis átomos de carbono e os seis átomos de hidrogênio da fórmula da benzina. Exausto, entregou o assunto totalmente à sua Mente Oculta. Pouco depois, quando se preparava para embarcar em um ônibus, surgiu em seus pensamentos a imagem de uma cobra mordendo a própria cauda e girando em torno de si como uma roda. Essa imagem, conhecida como Serpente Ouroboros, deu-lhe a resposta há muito procurada do reagrupamento circular de átomos que é conhecido como anel de benzeno.

Sonhos

Durante o sono é possível acionar o poder da Mente Oculta. Se você disser ao inconsciente, antes de dormir, com firme propósito, que quer acordar às seis horas, ele o acordará.

Algumas pessoas têm dificuldade para dormir. A menos que haja algum distúrbio, que deve ser tratado por um especialista, adormecer não é difícil. Basta fechar os olhos e imaginar uma parede totalmente branca, contando mentalmente 1 (inspirando), 2 (expirando), 1, 2, 1, 2, mantendo a inspiração no 1 e a expiração no 2. O ideal é ter uma rotina adequada, evitando refeições pesadas e atividades mentais excitantes, como o uso da internet, antes de ir para a cama.

O sono é essencial para a paz de espírito e a saúde do corpo. A falta de sono pode causar irritação, depressão e distúrbios mentais. As autoridades médicas ressaltam que a insônia precede colapsos psíquicos. Você se recupera espiritualmente durante o sono. O sono adequado é essencial para a alegria e vitalidade da existência. As pessoas privadas de sono sofrem de perda parcial da memória e de má coordenação. Ficam atordoadas, confusas e desorientadas. O inconsciente nunca dorme e está sempre disponível.

O sono é um importante regulador das funções vitais, desenvolvendo-se em ciclos durante o período noturno. Cada ciclo tem cerca de noventa minutos. O número de ciclos varia de acordo com o tempo de sono, sendo que sete ou oito horas é o período ideal nos humanos. Numa pessoa jovem, o sono é composto por quatro ou cinco ciclos, mas tende a diminuir com a idade. Há dois tipos fisiológicos distintos de sono: movimento não rápido dos olhos (NREM – *non rapid eye movement*) e movimento rápido dos olhos (REM – *rapid eye movement*). O NREM corresponde à primeira etapa do sono, que começa com a sonolência, dividindo-se em quatro estágios, de leve a profundo, que se repetem. Depois, a pessoa entra em sono REM, que é o período mais importante do sono, em que ocorre a integração das atividades cotidianas e que é essencial para o bem-estar físico e mental do indivíduo. É nessa fase que os sonhos acontecem com mais intensidade.

Sigmund Freud revolucionou o pensamento científico com sua obra célebre *A interpretação dos sonhos*. Esse livro centenário estabelece as bases para a compreensão científica da atividade onírica, distanciando-se definitivamente das especulações metafísicas predominantes desde a remota antiguidade, que tratam os sonhos como manifestações sobrenaturais, ligadas ao mundo dos mortos ou dos deuses. Há evidências científicas de que os sonhos reverberam memórias adquiridas durante o período de vigília, o que converge com a tese de Freud no sentido de que o sonho usa “restos do dia”, ou seja, vestígios mnêmicos das atividades despertas para realizar desejos e impulsos reprimidos no inconsciente por meio de distorções e condensações que disfarçam o conteúdo reprimido e conferem ao sonho uma aparência simbólica peculiar.

Alguns cientistas apontam ainda para uma função premonitória nos sonhos, no sentido de que são simuladores capazes de avisar sobre potenciais perigos ou oportunidades, como um "oráculo biológico" que aconselha as pessoas sobre as melhores decisões a tomar no mundo real.

Essa atividade, porém, nada tem de sobrenatural, sendo produto do processamento, durante o sono, das experiências adquiridas durante a vigília. Esses estudos apontam para a validação científica dos chamados "sonhos lúcidos". Um sonho lúcido é aquele em que o sonhador assume o controle de seu sonho e o utiliza na solução de problemas. Durante o sonho, como a mente não está sujeita à crítica do consciente, pode manifestar-se com plena liberdade, atingindo picos de criatividade. Conseguir controlar essa habilidade pode ser uma fonte inesgotável de ideias e soluções. Os adeptos dos sonhos lúcidos são chamados onironautas.

Como a Mente Oculta nunca dorme, o sono pode trazer conselhos. Antes de dormir, exponha o problema que deseja resolver e deixe que sua mente lhe traga a solução com um sonho bastante nítido ou uma visão noturna. Às vezes, a solução aparece quando você, já acordado, menos espera. Entre as várias técnicas de sonhos lúcidos, a mais utilizada é da autossugestão. Consiste em ir para a cama todas as noites e fazer a seguinte afirmação repetidamente, até adormecer: "Esta noite, tomarei consciência plena do meu sonho para resolver meu problema...". A prática repetida e perseverante irá levar, naturalmente, ao sonho lúcido, quando o sonho trará a resposta ou a solução buscada. Não se esqueça de tomar nota da solução, uma vez que a memória onírica é tão fugidia quanto a memória do estado de vigília.

Pêndulo de Chevreul

Efeito ideomotor é o nome dado à influência da sugestão sobre movimentos corporais involuntários e inconscientes. O fenômeno foi originalmente descrito pelo naturalista britânico William Benjamin Carpenter em 1852. Porém, o químico francês Michel Chevreul havia se deparado com a mesma ideia já em 1808, utilizando um anel preso a um cordão sobre as letras do alfabeto e conseguindo um efeito semelhante ao do tabuleiro Ouija.

O pêndulo é muito utilizado como instrumento de radiestesia, e graças ao efeito ideomotor pode ser usado para obtermos comunicação com o inconsciente. O pêndulo pode ser adquirido em casas especializadas em produtos de radiestesia, mas pode ser construído facilmente com uma aliança amarrada na extremidade de um fio com 20 ou 30 cm de comprimento; uma pequena chave de metal pendurada na ponta de um cordão fino; uma agulha atravessada numa rolha, sendo presa na sua extremidade.

Olhe fixamente para o pêndulo e pense firmemente que se move em sentido horário. Veja-o se mover assim. Não faça nenhum movimento ou aplique qualquer esforço, apenas pense e deixe o pêndulo se mover. Agora pense que o pêndulo está parando. Apenas pense, até que o pêndulo pare. Agora pense no movimento anti-horário e observe esse movimento começar lentamente até se intensificar, sem qualquer tipo de ajuda ou esforço de sua mão. Tente agora movimentos em linha reta, para frente e depois lateralmente. Numa folha de papel faça dois riscos que se cruzam, com um círculo em volta. Segure levemente a ponta do fio entre seu polegar e dedo indicador, mantendo seu braço distante do corpo, sem apoio. Se o seu braço cansar nessa posição, você poderá apoiar o cotovelo na mesa, mantendo a extremidade do pêndulo a cerca de 3 cm da folha de respostas. Pegue o pêndulo como indicado e feche os olhos, concentrando-se na palavra “sim”, e peça ao inconsciente que diga “sim”. Com paciência, observe o tipo de movimento do pêndulo e anote na folha. A seguir, repita o procedimento com a palavra “não” e anote o movimento correspondente. Agora faça o mesmo com as palavras "talvez" e "dificilmente". Assegure-se bem das respostas, a fim de não marcar errado e estabelecer um padrão correto de oscilação do pêndulo, pois de agora em diante esse padrão dará respostas às questões realizadas.

Faça alguns testes, solicitando respostas óbvias, como "o Natal é em dezembro?", "eu me chamo David?" e assim por diante. Depois de familiarizar-se com o funcionamento do pêndulo, você poderá utilizá-lo para buscar as respostas da sabedoria depositada em seu inconsciente, obtendo ajuda na tomada de decisões, saber o sexo de um feto, encontrar objetos perdidos, correspondência amorosa etc. Com o tempo, será possível realizar experiências mais ousadas, como prever eventos futuros. Lembre-se, porém, de que para obter respostas corretas é preciso saber perguntar.

As respostas do pêndulo devem ser entendidas como orientações e não como verdades absolutas, já que os processos conscientes, as crenças equivocadas, a negatividade, o estresse, a pressa e outros fatores podem influenciar o movimento oscilatório. Lembre-se de alterar seu estado emocional antes de utilizar o pêndulo, que deve ser manejado com a mais absoluta serenidade e livre da interferência do estresse e de pensamentos negativos. A meditação e a auto-hipnose, ensinadas neste livro, assim como a prece, poderão ser usadas antes da utilização do pêndulo para acalmar a mente.

Ressignificação

Na PNL, o inconsciente é utilizado para indicar tudo que não seja consciente, ou seja, lá estão os pensamentos, emoções, sentimentos, recursos e possibilidades nos quais não se está prestando atenção em determinado momento e que se tornam conscientes quando o indivíduo desloca sua atenção para eles.

A PNL ensina a "conversar" com o inconsciente para modificar comportamentos por meio de uma técnica chamada "ressignificação", que permite mudar hábitos indesejados, sintomas físicos, bloqueios psicológicos etc. Siga os seguintes passos, ensinados por Joseph O'Connor:

1. **Identifique o problema.** O problema – por exemplo, fumar, roer as unhas, ansiedade, dor e desconforto sem qualquer causa física aparente – será atipicamente na forma de: "Quero fazer isso, mas algo me impede", ou: "Não quero fazer isso, mas parece que faço de qualquer jeito".
2. **Estabeleça comunicação com a parte responsável pelo comportamento**. Entre em sua mente e peça àquela parte que se comunique com você usando um sinal do qual você terá conhecimento consciente. Diga algo como: "A parte responsável por esse comportamento pode me dar um sinal agora?". Ouça, observe e sinta à espera de um sinal. Pode ser visual, auditivo ou cinestésico. A resposta pode não ser aquilo que você pensa que deveria ser. Quando obtiver um sinal, agradeça à parte e pergunte se esse pode ser um sinal para "sim". Você deve obter o sinal novamente. Se não, continue a perguntar até que obtenha um sinal confiável que possa calibrar de forma consciente. Se não puder obter um sinal, continue assim mesmo – pressuponha um sinal, mas um que não seja sensível o suficiente para calibrar.
3. **Estabeleça a intenção positiva da parte e separe-a do comportamento indesejado**. Pergunte à parte se está disposta a revelar sua intenção positiva. Se obtiver um sinal "sim", deixe que essa intenção positiva se torne clara para você. Pode ser uma surpresa. O que a parte está tentando alcançar que tenha valor? Se obtiver uma intenção positiva negativa, por exemplo: "Não quero que sinta medo", segmente para cima até que seja expressa de forma positiva; por exemplo: "Quero que se sinta seguro". Separe a intenção positiva do comportamento. Você

pode detestar o comportamento, mas a intenção vale a pena. Agradeça à parte por deixá-lo conhecer sua intenção positiva. Se não obtiver um sinal e não tiver certeza de uma intenção positiva, presuma uma e passe para o passo seguinte. Tem que haver uma – sua mente inconsciente não é burra e aleatória, e nenhum comportamento pode existir sem um benefício positivo.

4. **Peça à sua parte criativa que gere novos meios de satisfazer a intenção positiva.** Todos nós temos uma parte criativa e cheia de recursos. Essa parte é principalmente inconsciente, porque é difícil ser criativo sob comando – isso é como tentar ser espontâneo por ordem. Interiorize-se e peça à sua parte criativa que apresente pelo menos três escolhas que satisfaçam a intenção positiva de forma diferente. Peça para que sejam pelo menos tão boas quanto o comportamento original, se não melhores. (Caso contrário, você se arrisca a saltar da frigideira para o fogo!) Peça à parte criativa que lhe avise quando tiver feito isso e agradeça. A parte criativa pode não avisá-lo dessas escolhas de forma consciente, e você não precisa conhecê-las para que o processo funcione.
5. **Obtenha a concordância da parte original de que ela usará uma ou mais dessas escolhas em vez do comportamento original.** Essa é uma forma de fazer uma ponte para o futuro. Pergunte a ela diretamente se está disposta a usar novas escolhas. Você deve obter um sinal de "sim" da parte original. Se não o fizer, poderá voltar ao passo quatro e gerar mais escolhas ou supor que a parte está disposta a aceitar as novas escolhas.
6. **Verifique a ecologia. Se tiver consciência dessas novas escolhas, imagine-se realizando-as no futuro.** Veja-se fazendo as novas escolhas como se estivesse vendo um filme. Parece correto? Quer saiba das escolhas ou não, pergunte-se: "Alguma outra

parte de mim se opõe a essas novas escolhas?". Seja sensível para quaisquer novos sinais que possam indicar que essas escolhas não sejam ecológicas. Se obtiver um sinal, volte ao passo 4 e peça à parte criativa que ofereça algumas novas escolhas que satisfaçam a parte que se opõe e ainda assim respeitem a intenção positiva original. Verifique essas novas escolhas para ver se há objeções. A ressignificação em seis passos lida com o ganho secundário, ela proporciona um relacionamento mais produtivo com seu inconsciente e é realizada em transe leve, à medida que você se interioriza e explora diferentes partes de sua personalidade.

RESUMO

1. Confie no poder da Mente Oculta para resolver problemas e realizar desejos e sonhos.

2. Aprenda a identificar os sinais que a Mente Oculta envia por meio da intuição.

3. Antes de dormir, expresse à Mente Oculta o que você deseja por meio de palavras, preces ou imagens.

4. Antes de dormir, peça à Mente Oculta a solução de problemas e deixe que ela encontre a solução durante o sono.

5. Faça perguntas à Mente Oculta utilizando o pêndulo.

6. Faça a ressignificação em seis passos para dialogar com sua Mente Oculta e mudar comportamentos indesejados.

SEGREDO Nº 3

IMAGINAÇÃO PODEROSA

"A imaginação é mais importante que o conhecimento."
– Albert Einstein, Prêmio Nobel de Física

Um viajante árabe seguia seu caminho quando observou três homens discutindo e quis saber o motivo.

– Discutimos pela divisão da herança de nosso pai – disse um deles. – Ele nos deixou 35 camelos, e seu testamento diz que a metade deve ficar para o filho mais velho, a terça parte para o filho do meio e a nona parte para o filho mais novo. Ocorre que não há como fazer tal divisão.

O viajante proclamou que era capaz de fazer a divisão, desde que pudesse agregar o seu próprio animal, totalizando então 36 camelos, com o que os três irmãos concordaram. O homem então falou:

– Agora que temos 36 camelos, ficará para ti a metade, ou seja, 18 camelos, pois és o filho mais velho. Portanto, estarás lucrando, já que receberias 17,5 camelos se fossem apenas 35 animais. E tu, que és o filho do meio, receberás 12 camelos e não 11 e alguma coisa, caso fossem 35. Finalmente, a ti, filho mais novo, tocarão 4 camelos e não 3 e pouco, como seria se a divisão fosse por 35.

No fim, então, todos os filhos lucraram. E o homem disse:

– Percebam que, embora todos tenham lucrado, sobraram ainda 2 camelos dos 36, pois 18+12+4 resultam em 34. Um desses dois animais é o meu próprio camelo, que devo tomar de volta, e outro é meu por direito, já que resolvi o difícil problema da divisão dos camelos.

A matemática é seguramente a maior prova do poder da imaginação humana. Números são entes abstratos, mas não há nada no mundo que não se sujeite a eles, assim como não há absolutamente nada criado pelos seres humanos que não tenha sido antes imaginado. Graças à imaginação de Júlio Verne, viajamos à Lua muito antes de termos conseguido pilotar um avião.

"Teatralidade e ilusão são armas poderosas", disse o personagem de Liam Neeson no filme *Batman Begins*, do diretor Christopher Nolan. Todo fascínio pelos mitos e rituais do Egito e da Índia decorre de sua teatralidade, justamente pelo forte apelo à imaginação humana. A teatralidade e a ilusão foram ferramentas de seitas e tradições religiosas durante séculos para conquistar o respeito e a devoção de seres humanos. Jamais deve se subestimar o poder da imaginação para inspirar e transformar pessoas e o próprio mundo.

Costumo fazer com meus alunos a seguinte experiência: pense num limão. Segure o limão e o aperte com a mão, sentindo sua consistência. Agora, imagine cortar esse limão ao meio com uma faca. Agora, pegue uma das metades e esprema o limão na sua boca, sentindo o sabor do limão na boca. Sinta com sua imaginação o sabor e o cheiro do limão. Se você realizou a experiência corretamente, estará salivando agora. Evidentemente não há limão algum em suas mãos ou boca, mas sua imaginação produziu mudanças fisiológicas no seu organismo.

Se lhe pedirem para caminhar sobre uma prancha de dez centímetros de largura colocada no chão você não terá dificuldade em fazê-lo. Mas, se essa mesma prancha for colocada entre duas paredes a uma altura de 20 metros, você provavelmente não conseguirá. Sua vontade de andar será subjugada pela imaginação de cair. Essa situação retrata a Lei do Esforço Invertido, cunhada pelo psicólogo e hipnotizador Émile Coué: "Sempre que houver conflito entre a imaginação e a vontade, a imaginação vencerá sem exceção".

Está claro, portanto, que a imaginação pode produzir reações em nível fisiológico e afetar nossas reações corporais de forma positiva ou negativa. Portanto, precisamos utilizar esse poder a nosso favor.

Submodalidades

Você pode testar o poder da imaginação trabalhando com o que a PNL chama de submodalidades, que são as subespécies das modalidades ou canais de representação (visual, auditivo e cinestésico[2]). Então, feche os olhos e pense em uma lembrança agradável, vendo mentalmente exatamente o que viu na ocasião. Agora, modifique a luminosidade da imagem, observando de que forma suas sensações também se modificam.

Em geral, ao aumentarmos a luminosidade da imagem, as sensações também aumentam, e, ao diminuirmos a claridade da cena, as sensações também enfraquecem. Pense agora em algo desagradável. Escureça lentamente a imagem. Se diminuir o suficiente a luminosidade da cena, essa lembrança não incomodará. Luminosidade é uma das submodalidades da modalidade visual.

Algumas exceções podem acontecer. Por exemplo, se sua lembrança agradável se refere a um pôr do sol ou um jantar à luz de velas, a pouca luminosidade é responsável pela sensação agradável. Portanto, aumentar a luz pode diminuir a sensação.

Além da luminosidade, você pode experimentar também as seguintes submodalidades: a) cor: varie a intensidade das cores, indo de branco até preto; b) distância: varie de muito perto para muito longe; c) duração: varie de uma imagem rápida até uma imagem duradoura; d) movimento: faça com que uma "fotografia" se transforme em um filme; e) transparência: torne a ima-

2 Nota do autor: embora haja divergência entre a grafia sinestésico ou cinestésico, optou-se nesta obra por utilizar a grafia consagrada pela programação neurolinguística em nosso país para expressar o sistema representacional relacionado às sensações: cinestésico, cinestesia etc.

gem transparente para ver através dela; f) plano: mude a imagem do primeiro para o segundo plano. Experimente se divertir com as submodalidades e sentir como a modificação das imagens mentais afeta seus sentimentos e lembranças.

Mentalização

Mentalização ou visualização consiste em criar uma imagem mental de algo que desejamos. Aristóteles já acreditava que as imagens mentais tinham o poder de estimular as emoções e motivar a pessoa a obter o que ela imaginava. Sigmund Freud e Carl Jung acreditavam que o estado emocional dos pacientes melhorava à medida que eles se familiarizavam com suas imagens mentais. No livro *Visualização criativa*, Shakti Gawain esclarece que as pessoas que não são muito boas em criar imagens mentais podem simplesmente transformar o que desejam em afirmações. Segundo Gawain, as afirmações "dão constituição ao que estamos imaginando". Nesse caso, ao invés de se imaginar magra, uma pessoa deve afirmar "eu sou magra", pois, seja na forma de imagens, seja na forma de afirmações, a mentalização deve ocorrer no tempo presente, reforçada pelo sentimento de já ter atingido o objetivo.

A mentalização é muito utilizada por políticos, executivos, artistas, esportistas e outros profissionais. É uma excelente técnica de motivação, pela qual mostramos à mente como queremos que as coisas aconteçam. Walt Disney, um sonhador convicto, que acreditava no poder da imaginação para a realização dos sonhos, era adepto dessa técnica, chamando-a de engenharia da imaginação.

Sente em um lugar tranquilo e relaxe profundamente. Então, imagine como será quando atingir o objetivo, com todas as circunstâncias e emoções, isto é, vendo, ouvindo, sentindo tudo o que sentirá no instante em que atingir seu objetivo. Siga os seguintes princípios:

- Acredite no seu poder mental: tenha fé na sua capacidade de transformação por meio de sua mente.

- Estabeleça um objetivo definido, evitando generalizações do tipo "eu quero ser feliz".
- Use objetivos positivos. Ao invés de "eu não quero fumar", imagine-se com um pulmão sadio.
- Relaxe. Feche os olhos, respirando lentamente pelo nariz e soltando pela boca.
- Crie uma imagem mental realista, envolvendo todos os sentidos.
- Fortaleça essa imagem em sua mente, repetindo a mentalização diariamente, até atingir seu objetivo.
- Essa é uma técnica muito poderosa e bastante utilizada como treinamento mental na preparação de atletas para competições. Entrar numa competição tendo visto e sentido a experiência inteira de antemão confere uma incrível sensação de confiança e leva a um rendimento muito maior.

Daniel González, em seu livro *El arte del entrenamiento mental*, conta como Pelé, o "rei do futebol", em cada partida chegava antes dos demais jogadores e procurava um lugar isolado. Então, em sua mente rodava um filme dele mesmo como um menino jogando futebol e, nesse filme, permitia-se recordar grandes passagens de sua vida no esporte. Com isso, antes de cada partida, Pelé se colocava em contato com seu amor pelo esporte que praticava.

O campeão de golfe Jack Nicklaus declarou usar uma técnica semelhante à de Pelé. Na noite anterior a qualquer rodada final de um torneio, Jack sempre visualizava seus adversários com ar de derrota e imaginava que ele seria o único no torneio a conseguir a vitória. Ao acreditar que não cometeria erros, ele desenvolvia a confiança, a energia e o poder necessários para entrar na última rodada. Jack sabia que não podia controlar os outros jogadores, só podia controlar a si mesmo, seus próprios pensamentos, sua mente e sua atitude no jogo, mentalizando que ele seria o jogador mais forte no campo. Em sua mente, ele via e acreditava nisso.

Dissociação-Associação

Essa técnica de visualização pode ser usada para qualquer situação e serve tanto para atrair algo que você deseja quanto para tornar uma tarefa mais fácil.

Vá para um lugar silencioso, relaxe e dissocie-se, isto é, imagine-se fora do seu corpo e se observe. Agora veja a si mesmo numa situação desejada. Pode ser qualquer coisa que você queira ou necessite: recebendo uma promoção, conquistando um prêmio, estando saudável, passando numa prova e assim por diante. Imagine a cena da forma mais real possível. Então associe-se, isto é, volte para seu corpo e sinta intensamente a cena. Use todos os sentidos para viver a experiência com o máximo de realismo.

A mente curadora

Um placebo (do latim *placebo*, que significa "agradarei") é um medicamento, terapia ou procedimento inativos, isto é, sem nenhuma propriedade curativa específica, mas que apresenta efeitos curativos devido aos efeitos psicológicos da crença do paciente em sua eficácia. O efeito placebo é poderoso. Em um estudo realizado na Universidade de Harvard, testou-se sua eficácia em uma ampla gama de distúrbios, incluindo dor, hipertensão arterial e asma. O resultado foi impressionante: cerca de 30% a 40% dos pacientes obtiveram alívio pelo uso de placebo.

Além disso, ele não se limita a medicamentos, mas pode aparecer em qualquer procedimento terapêutico. Em uma pesquisa sobre o valor da cirurgia de ligação de uma artéria no tórax na angina de peito (dor provocada por isquemia cardíaca crônica), o placebo consistia apenas em anestesiar o paciente e cortar a pele. Pois bem: os pacientes operados ficticiamente tiveram 80% de melhora. Os que foram operados de verdade tiveram apenas 40%. Em outras palavras: o placebo funcionou melhor que a cirurgia. O efeito de um placebo, portanto, nada mais é do que a cura pelo poder da imaginação, expressa pela fé na terapia. É a credibilidade da terapia, portanto, que produz o efeito, e não a terapia em si.

Sempre devemos contar com profissionais especializados para tratar de nossos males físicos e psicológicos, mas o uso da imaginação pode complementar, com grande eficácia, o trabalho de médicos, psicólogos e terapeutas em geral.

Apenas para exemplificar, vou ensinar uma técnica para curar dores de cabeça com a imaginação a partir das submodalidades que tratei anteriormente.

1. Feche os olhos e relaxe sua mente.
2. Crie um símbolo visual para a dor de cabeça. Dê-lhe uma forma e uma ou várias cores. Represente a dor, bem à sua frente, ocupando toda sua área de visão.
3. Imagine que esta visão está em primeiro plano à frente de uma cena pacífica de paz e tranquilidade, como uma praia ou um campo de flores.
4. Faça com que o símbolo da dor de cabeça, que ocupava o primeiro plano, se afaste lentamente em direção ao infinito, deixando a paisagem que estava ao fundo ocupar aos poucos a totalidade do quadro.
5. À medida que o símbolo se afasta, ele vai perdendo a cor. Quando a dor de cabeça se tornar apenas um pontinho no fundo do quadro, faça-o explodir em milhões de partículas de poeira que desaparecem.

Seja qual for o seu problema, acredite no poder curador de sua mente. Pela fé você é capaz de alcançar saúde e muitos outros benefícios que a natureza e o universo reservaram para você. Peça a cura à sua mente, confie em sua mente, e ela lhe dará o que você quer.

O poder das metáforas

Os seres humanos amam histórias. Contar e ouvir histórias são antigos costumes da humanidade. Reunidos ao redor do fogo, nossos antepassados contavam suas aventuras, caçadas, perdas e descobertas. Antes mesmo da linguagem, as gravuras rupestres contaram histórias nas paredes das cavernas. Todas as religiões do mundo são baseadas nas histórias de seus fundadores e seguidores.

Na infância, ouvimos histórias antes de dormir. Os quadrinhos, os livros, o teatro, o cinema e a TV nada mais são do que histórias. A própria vida de cada pessoa é um livro de histórias que vão do drama à comédia, passando por romance e aventura. É fácil constatar que a mente humana é programada para gostar de histórias.

As metáforas são histórias associadas a fatos da vida, com as quais é possível transmitir mensagens, gerar reflexão e mudar comportamentos. As metáforas destinam-se à imaginação e, por isso, ultrapassam o fator crítico da mente consciente e afetam o indivíduo em um nível muito mais profundo. Isto é, a mente consciente age como "a sentinela no portão", impedindo o acesso ao inconsciente. Essa sentinela não vê uma história como uma ameaça ao ego do indivíduo, permitindo que a mensagem ultrapasse o portão e chegue ao inconsciente. Portanto, a linguagem metafórica disfarça a mensagem e a mente consciente não oferece resistência.

Ainda hoje as parábolas de Jesus são usadas como ferramentas de educação graças ao seu alto poder metafórico. Metaforizar é falar a linguagem do inconsciente. As metáforas são tão poderosas porque o ouvinte não resiste à mensagem metafórica, já que ela respeita sua individualidade, seus medos e seus traumas, não representando nenhuma ameaça a suas emoções.

Criatividade

Em minha vida, tenho que ser criativo o tempo todo, tanto para fazer palestras e shows como para dar aulas e preparar discursos, que às vezes são totalmente improvisados, pois realmente tenho que fazer muitos discursos. Para inovar é preciso ter criatividade. Essa regra vale para pessoas e para o mundo corporativo. Segundo o biólogo Estanislao Bachrach, criatividade é a atividade mental por meio da qual em algum momento uma revelação ou insight ocorre dentro do cérebro e traz como resultado uma ideia ou ação nova de valor.

O processo criativo ocorre em cinco etapas: 1ª) preparação: é a fase em que surge o problema ou o objetivo, o que desperta a curiosidade; 2ª) incubação: as ideias se agitam sem que algo concreto apareça; 3ª)revelação ou insight: é o momento "eureka", em que surge a descoberta necessária, a solução, geralmente acompanhada de um arrebatamento emocional; 4ª) validação: é a verificação da revelação, para saber se tem valor e deve ser levada adiante; 5ª) elaboração: como uma ideia nunca vem pronta, a revelação, ainda que validada, precisa passar por um processo de melhora, como a lapidação de uma joia, sendo essa a parte mais trabalhosa do processo; é exatamente a isso que Thomas Edison se referia ao dizer "1% de inspiração e 99% de transpiração".

Para ser criativa, uma pessoa deve ser flexível e eliminar a crítica, deixando as ideias fluírem sem preocupação ou medo, pois tais sentimentos são bloqueadores da criatividade. Não se deve olhar para trás, evitando dizer "já tive essa ideia e não funcionou", tampouco permitir que haja algum tipo de edição das ideias. A edição é tarefa lógica, que não deve interferir no processo criativo, em que tudo deve ser concebido como possível. Deixe sua execução e as respectivas dificuldades para um segundo momento.

Não desanime com erros. Thomas Edison, quando perguntado como se sentiu com os erros cometidos, disse que não cometeu erros e sim descobriu maneiras diferentes de fazer uma lâmpada.

Podem ocorrer os chamados bloqueios criativos, também conhecidos como impasses, quando parecemos ficar presos ao problema, sem evoluir, como se uma pedra obstaculizasse o caminho. O que é preciso fazer, diante de um impasse, é não focar com mais energia o problema. Ao contrário, deve-se fazer algo totalmente diferente, interessante, divertido e prazeroso. A melhor coisa para desfazer um impasse é o relaxamento.

Há uma técnica muito interessante que consiste em imaginar vivamente que o bloqueio é uma peça de vestimenta ou um adereço: uma camisa, um sapato, um relógio etc. Tirando a peça do corpo, a pessoa se sentirá mais relaxada, e o bloqueio tenderá a desaparecer.

Solução de problemas

Há um ditado que diz que problemas existem para ser resolvidos. Muitas pessoas não conseguem resolver um problema justamente porque mantêm o foco no próprio problema, ao invés de focarem na solução. Então, o primeiro segredo para resolver problemas é manter o pensamento focado na solução.

Leonardo da Vinci utilizava a técnica das múltiplas perspectivas. Ele dizia que, enquanto algo não era percebido por ao menos três ou quatro perspectivas distintas, não podia ser compreendido realmente. Um conhecimento completo advém da síntese de várias perspectivas numa única. Por exemplo, quando desenhou a primeira bicicleta, da Vinci pensou seu desafio desde a perspectiva dos meios de transporte (qual seria seu desenho), dos investidores (quem poderia financiar os protótipos e a produção), dos consumidores (quem usaria as bicicletas) e das cidades (por onde as bicicletas trafegariam).

O professor John Kounios disse que, quando estamos trabalhando num problema difícil, devemos pôr o despertador uns minutos antes do que de costume para dedicar um tempo "semiacordado" na cama. É quando temos os melhores pensamentos. Quando o cérebro está sobrecarregado em virtude de atividade intensa, sem conseguir resolver um problema, experimente fechar os olhos e relaxar alguns instantes, deixando que os pensamentos fluam sem controle. Acredite ou não, há uma grande chance de que a solução surja no meio desses pensamentos aparentemente desconexos.

Para resolver um problema, nada melhor que estar relaxado. Às vezes, é justamente nos momentos de lazer que surgem as melhores soluções. Isso ocorre porque, quando baixamos a intensidade de algumas redes neuronais, criamos maior atividade geral em todo o cérebro. Em estados de relaxamento profundo, as partes especializadas do cérebro silenciam e as não especializadas que integram as outras se potencializam, criando condições adequadas para o surgimento de um insight. Os estudiosos chamam de atenção desfocada a aparição de revelações quando menos esperamos. Isso ocorre porque, quando está relaxada, a mente estabelece novas conexões.

Saber relaxar é uma parte importantíssima do raciocínio. Falaremos mais sobre isso ao tratar da aprendizagem.

Estratégia Disney

A PNL chama de "modelagem" a reprodução dos padrões de comportamento de uma pessoa. Robert Dilts, um dos expoentes da PNL, estudou o comportamento de pessoas que conseguiram grande destaque em sua área de atuação para estabelecer padrões que pudessem ser seguidos por outras pessoas. Um dos estudados foi Walt Disney.

O método de criatividade de Disney consiste basicamente em assumir as posições de sonhador, realista e crítico, utilizando três espaços distintos, como cadeiras diferentes, por exemplo. Vá para a posição de sonhador e feche os olhos, deixando voar a imaginação, sem se preocupar em como executar as ideias. Passe para a posição realista e traga seus devaneios e fantasias para a terra firme, isto é, trate de colocar as ideias no plano da realidade. Finalmente, assuma a posição de crítico e busque os pontos fracos da ideia. Se necessário, repita as três posições, obtendo o máximo proveito da estratégia.

Canalização

A canalização é uma prática poderosa para auxiliar na criatividade, na solução de problemas ou simplesmente para aliviar a tensão mental. Consiste em fechar os olhos e deixar os pensamentos fluírem livremente por alguns minutos. Não faça nenhum esforço, não evoque nenhuma lembrança, não reprima nenhuma ideia, simplesmente abra as torneiras da mente e deixe a água do pensamento fluir e jorrar. Depois de alguns minutos, abra os olhos e sinta-se revigorado. Durante a canalização é comum surgirem insights e revelações, pois ao canalizar você permite que a mente universal transite livremente dentro de sua estrutura mental.

RESUMO

1. Use o poder da imaginação para transformar suas lembranças por meio das submodalidades.

2. Use a mentalização para atingir objetivos. Imagine-se na condição desejada. Faça uma imagem realista. Veja, sinta e ouça.

3. Imagine-se fora do seu corpo e se "veja" vivenciando uma situação desejada. Então "entre no seu corpo" e imagine-se totalmente integrado à cena.

4. Acredite no poder curador da sua mente.

5. Use metáforas para estimular a imaginação e derrubar as resistências da mente consciente à transformação.

6. Para ser criativo, relaxe e use a imaginação com liberdade, sem críticas ou objeções, deixando as ideias fluírem livremente.

7. Use as posições de sonhador, realista e crítico, utilizando três espaços distintos, para pensar como Walt Disney.

8. Use a canalização para permitir que as ideias fluam em sua mente.

SEGREDO Nº 4

EMOÇÕES PODEROSAS

"O segredo da vida consiste em recusar qualquer emoção que não seja conveniente."
– Oscar Wilde, escritor

A campainha soa seu último toque antes de abrirem as cortinas. Sei que o teatro está lotado e terei que encantar centenas de pessoas. É hora de controlar a emoção e transformar o medo produzido em meu cérebro límbico em energia para dar o melhor de mim. O público merece. Então trago à lembrança a emoção forte de um momento em que tive muito sucesso. Fixo a cena em minha mente por alguns instantes. Vejo o que vi, ouço o que ouvi e sinto o que senti na ocasião. Revivo a emoção de uma *standing ovation*. Aperto minha mão direita ao mesmo tempo em que digo silenciosamente para mim mesmo, quase em êxtase: SUCESSO!

Sempre faço a mesma coisa antes de entrar em cena. Com um simples exercício de imaginação, altero meu estado de medo para um estado de grande coragem e excelente desempenho.

Um dos principais problemas das pessoas é a dificuldade em lidar com suas emoções, as quais, muitas vezes, geram comportamentos indesejados, que vão de frustração por não conseguirem realizar tarefas simples até sérios transtornos de ansiedade. O psiquiatra David Burns, autor dos best-sellers

The Feeling Good Handbook (Manual do bem-estar) e *Antidepressão: a revolucionária terapia do bem-estar*, escreveu o seguinte:

"Qual o segredo para libertar-se de uma prisão emocional? Simplesmente isso: seus pensamentos criam suas emoções e, portanto, suas emoções não podem provar que seus pensamentos são precisos. Sentimentos desagradáveis indicam simplesmente que você está pensando em algo negativo e acreditando nisso. Suas emoções seguem os seus pensamentos tão certamente quanto os bebês patos seguem a mamãe pato".

Nossa vida é marcada por momentos de bom e mau humor. O bom humor nos permite ser mais criativos, resolver melhor os problemas, ter mais flexibilidade cognitiva e ser mais eficientes na tomada de decisões, mas também nos leva a relaxar o juízo crítico e a atenção, além de favorecer a tendência para tomar decisões precipitadas. O mau humor nos ajuda a ser mais céticos e cuidadosos, prestando mais atenção aos detalhes, mas nos faz abandonar as coisas quando começam a ficar mais difíceis.

Todas as nossas emoções estão associadas ao sistema límbico. Durante muitos anos, pensamos ser "animais racionais" (córtex) com sentimentos (límbico). Atualmente, há um consenso científico de que somos seres emocionais que aprenderam a pensar. Isso faz sentido na medida em que o cérebro límbico, responsável pelas emoções, tem cerca de duzentos milhões de anos, enquanto o córtex, nossa parte racional, tem apenas cem mil anos.

Os cientistas confirmaram em 2004 que a amígdala, uma pequena estrutura em forma de amêndoa localizada no cérebro, é a área onde se produzem as sensações de medo e raiva. A emoção exerce o domínio de nossa vida mental. Por isso, a maioria de nossas decisões não são conscientes e sim dominadas por emoções. Usamos a razão não para escolher, mas para justificar nossas escolhas. Todo comportamento está relacionado a algum tipo de emoção: sentimo-nos incomodados quando toca o despertador e queremos seguir dormindo, o cheiro do café da manhã nos provoca boas lembranças e sentimentos, o banho quente nos dá conforto, a roupa que não serve ou está manchada nos irrita, enfrentar o trânsito nos deixa estressados e assim por diante. Tudo é emoção. Então, se não há como fugir delas, precisamos aprender a conviver com elas.

Estudos científicos de Evian Gordon e Lea Williams asseguram que nossa vida está baseada na determinação do cérebro de minimizar o perigo ou maximizar a recompensa. Felicidade, alegria, prazer são emoções ligadas à recompensa e nos aproximam dos respectivos estímulos, enquanto ansiedade, medo e tristeza estão associadas ao perigo, fazendo-nos fugir do que nos causa esses sentimentos. Em geral, nossas decisões são automáticas e disparam uma fração de segundo antes de termos consciência do que decidimos. Esse sistema dispara com maior intensidade diante do perigo do que da recompensa. A tomada da decisão é tanto mais rápida quanto maior for o perigo ou a recompensa.

Em sua evolução desde o *Homo habilis* (cerca de 2 milhões de anos) até o *Homo sapiens* (cerca de 150 mil anos), o cérebro humano quase triplicou de tamanho. O córtex foi ganhando camadas, cada uma mais complexa que a anterior, até chegar ao neocórtex, sua parte mais externa, semelhante a um miolo de noz, responsável pelas funções mentais como pensamento e linguagem. Mas dentro do cérebro está o sistema límbico, sua parte mais primitiva, responsável pelas respostas instintivas, onde está localizada a amígdala. Diante do perigo, a amígdala produz adrenalina e cortisol, ativando o mecanismo do medo.

Quando estamos diante de um medo controlado, como um esporte radical ou uma montanha-russa, a consciência mantém o controle, e o organismo libera também a adrenalina, produzindo a sensação de prazer que acompanha esse tipo de medo. Mas, diante de um medo real, como um assalto, isso não acontece, e a amígdala passa por cima de todo o resto e impõe um medo incontrolável. No caso de um trauma, ocorre uma grande liberação de cortisol, que é o hormônio do estresse. Curiosamente, quanto mais estresse houver, mais a memória é fixada. As fobias nada mais são do que a fixação do medo na memória em virtude da grande descarga de cortisol decorrente do trauma experimentado, consciente ou inconscientemente. Algumas fobias simples podem ser tratadas com hipnose ou técnicas de PNL.

O medo também dá origem ao estresse. Diante dos perigos da atualidade – chegar atrasado, não atingir metas, perder o emprego etc. –, o cérebro reage como reagia nas savanas africanas, produzindo adrenalina e cortisol. Nas savanas, assim que nossos antepassados enfrentavam o perigo, os níveis dessas substâncias normalizavam-se. Mas em nossos dias estamos constantemente "adrenalinizados", gerando todos os sintomas físicos e emocionais decorrentes do estresse, porque nosso organismo não está preparado para manter níveis altos e constantes dessas substâncias.

Para muitas pessoas, é o amor, e não o medo, a mais arrebatadora das emoções. Ficamos à mercê de intensa química cerebral, ativando regiões cerebrais que estimulam o coração e nos fazem sentir borboletas no estômago. A primeira etapa do desejo é ditada por testosterona e estrógeno, hormônios sexuais; segue-se a paixão, em que há uma verdadeira obsessão pela outra pessoa, relacionada com a baixa dos níveis de serotonina e o aumento de dopamina e norepinefrina. Finalmente, a última etapa está relacionada ao hormônio do apego, a oxitocina, que existe em maior quantidade nas mulheres. Esse hormônio é um dos responsáveis pelo vínculo entre mãe e filho. A oxitocina é secretada em ambos os sexos durante o orgasmo, dizendo-se que, quanto mais intenso for o sexo, maior será o vínculo. Também atua nesta etapa a vasopressina, que é importante nas relações duradouras.

No livro *Inteligência emocional*, o norte-americano Daniel Goleman revolucionou as teorias sobre a inteligência. Segundo ele, a obsessão com o QI foi um produto do modelo mecanicista do século 20, que deve ser substituído pela inteligência emocional, com foco em habilidades pessoais de empatia e relacionamento. As pessoas bem-sucedidas são aquelas que controlam suas emoções, ao invés de serem controladas por elas. A inteligência emocional está relacionada ao seguinte:

1. Autoconhecimento, que inclui a consciência emocional e a autoconfiança.
2. Autorrealização, que implica autocontrole, confiabilidade, inovação e adaptabilidade do indivíduo.
3. Automotivação, que consiste no desejo de triunfar, o compromisso, a iniciativa e o otimismo.
4. Empatia, que significa compreender os demais e ajudar no desenvolvimento das outras pessoas.
5. Habilidades sociais, que incluem a capacidade de influenciar, saber comunicar-se, gerir conflitos, estabelecer vínculos, saber cooperar e liderar.

Vamos examinar algumas técnicas e estratégias de mudança de estados, emoções, hábitos e comportamentos. No livro *A arte da felicidade: um manual para a vida*, o Dalai Lama e Howard Cutler ensinam que emoções negativas e estados negativos de espírito, por mais poderosos que pareçam, não têm fundamento na realidade. São distorções que nos impedem de ver as coisas como elas realmente são. Quando vivenciamos estados positivos, estamos mais perto da verdadeira natureza do universo. Um estado de espírito positivo não é apenas bom para você: ele acaba beneficiando a todos com quem você tem contato, mudando o mundo. Por mais difícil que pareça, devemos reduzir os estados negativos e aumentar os positivos.

Ancoragem

Uma das técnicas mais eficazes para mudar o estado emocional de uma pessoa é o uso de âncoras ou "ancoragem". A ancoragem não serve obviamente para a cura de transtornos de humor; nessas situações é imprescindível a ajuda de um profissional.

A ancoragem é semelhante ao condicionamento clássico, resultado dos experimentos do fisiologista russo Ivan Petrovich Pavlov (1849–1936) com cães. Primeiro, ele associou o som do sino ao alimento, o que fazia os cães salivarem. Posteriormente, bastava o som do sino para que os cães salivassem mesmo sem a presença do alimento. A diferença entre o condicionamento e a ancoragem é que o primeiro vem de um processo repetitivo, de treinamento, intencional ou não. O número de vezes depende do nível do animal. Com a ancoragem, basta uma única vez, e a técnica só funciona com o ser humano, que tem o cérebro desenvolvido.

Existe uma história sobre um soldado que, anos depois de servir no Vietnã, ainda se atirava ao chão quando ouvia o barulho da descarga de um carro. Essa reação fisiológica tinha sido "ancorada" ao som da artilharia, devido às inúmeras vezes que ele teve que enfrentar o fato na vida real, na guerra. Muitas de nossas lembranças estão ancoradas em estímulos externos.

Âncoras, portanto, são estímulos associados a algum tipo de emoção ou estado emocional, seja ele positivo ou negativo. Muitas âncoras são geradas espontaneamente e se tornam imperceptíveis. No caso de uma criança, por exemplo, o simples fato de escutar a voz da mãe pode acalmar. Um cheiro pode trazer uma emoção associada a uma lembrança positiva ou negativa. Uma música natalina automaticamente traz lembranças que alteram nosso estado emocional. Essas âncoras funcionam automaticamente e nem sempre estamos conscientes delas.

"Ancorar" significa produzir o estímulo quando o estado emocional desejado é experimentado, de modo que esse estado fique associado à âncora. Por exemplo, tocar o ombro de uma pessoa quando ela está no estado desejado associa o toque a esse estado.

Ativar a âncora significa repetir o estímulo para que o estado desejado associado a ele também se repita. Por exemplo, tocar o ombro da pessoa após a âncora ter sido estabelecida irá gerar o estado emocional associado à âncora.

Uma âncora pode ser visual, auditiva ou cinestésica. Uma ancora visual pode ser uma imagem ou um som associado a uma emoção. Âncoras auditivas podem ser uma palavra, frase ou um estalar de dedos. Costumo utilizar uma âncora auditiva simples com meus alunos, para ajudá-los a passar em provas e concursos públicos: "Eu vou passar".

Em minha opinião, a música é a âncora auditiva por excelência, pois pode ser facilmente associada às emoções. Âncoras cinestésicas geralmente são toques em determinadas partes do corpo.

O primeiro passo para ancorar é induzir no sujeito o estado desejado, pedindo a ele que visualize uma situação quando ele se sentiu daquela maneira. Por exemplo, se o estado desejado é "calma", peça-lhe para visualizar um momento em que se sentiu calmo. Peça-lhe para ser o mais realista possível na sua imaginação: "Veja o que viu, sinta o que sentiu, ouça o que ouviu".

A ancoragem deve ser feita um segundo antes do pico do estado, pois é nesse momento que o estado desejado está em aceleração e crescimento. Então, quando perceber que o sujeito está chegando ao pico do estado, acione a âncora. Ao usar um toque, uma frase ou uma imagem como âncora, você deve manter o estímulo por um período curto, de apenas cinco a quinze segundos.

Posteriormente, quando você ativar a âncora, repetindo o estímulo visual, auditivo ou cinestésico, o sujeito irá instantaneamente retornar ao estado emocional associado.

A ancoragem pode ser feita sem que o sujeito saiba. Ao perceber um estado emocional positivo, toque o braço do seu sujeito. Repita esse toque algumas vezes, reforçando a âncora. Então, quando você tocá-lo dessa maneira novamente, é possível que ele volte, inconscientemente, ao estado emocional "ancorado".

A ancoragem deve ser utilizada para ajudar alguém a sair de uma situação de estresse momentâneo ou outro estado indesejado que possa dificultar ou mesmo inviabilizar a comunicação e a interação. O primeiro passo é estabelecer um bom *rapport*. Depois, você pode simplesmente dizer: "Estou percebendo que você está... (tenso, preocupado, distraído, cansado etc.). Deixe-me mostrar algo que eu aprendi para melhorar seu estado emocional". A partir daí, será fácil estabelecer as condições para aplicação da técnica.

As âncoras também podem ser usadas para alterar seu próprio estado emocional, especialmente para enfrentar situações que você considera difíceis, obtendo um estado mais rico em recursos mentais, como quando precisa falar em público e gostaria de sentir-se autoconfiante.

Um dos pressupostos da PNL é que "não existem pessoas sem recursos, apenas estados sem recursos", o que significa que toda pessoa tem os recursos dos quais necessita para ser bem-sucedida, mas às vezes se envolve num estado mental que a priva de acessar esses recursos.

Para obter o recurso desejado, é possível utilizar o seguinte processo de ancoragem:

1. Sente-se confortavelmente e identifique a situação na qual deseja ter mais recursos.
2. Identifique o recurso desejado (por exemplo, confiança).
3. Escolha a ocasião da vida em que teve esse recurso.
4. Selecione as âncoras que serão utilizadas: uma imagem (visual), um som ou palavra (auditiva) e um gesto (cinestésica).
5. Mude de lugar e imagine-se vivenciando plenamente aquele momento em que experimentou o recurso desejado. Faça isso várias vezes e, ao chegar no ponto máximo, saia fora da experiência.
6. Reviva seu estado de recursos e, ao chegar ao ponto máximo, conecte as três âncoras. Mantenha o estado mental tanto tempo quanto desejar e depois mude de estado.
7. Teste a ancoragem, disparando as âncoras e confirmando se entrou no estado mental desejado. Se for preciso, repita a etapa anterior.

8. Imagine agora a situação futura na qual gostaria de ter este novo recurso ou usá-lo. Pense no que verá, ouvirá ou sentirá enquanto estiver naquela situação e lembre-se de usar a âncora.

Esta técnica pode ser utilizada para ancorar recursos diferentes. Algumas pessoas ancoram cada recurso em um dos dedos, enquanto outras associam vários estados de recursos à mesma âncora, o que a torna extremamente poderosa. A técnica de acrescentar recursos diferentes à mesma âncora é conhecida como "pilha de âncoras".

Lembre-se de utilizar âncoras simples, que possam ser acionadas a qualquer momento e que só você perceba, a fim de que fique à vontade para fazer a ativação.

Swish

Outra técnica excelente para mudança de estados emocionais é conhecida como Swish e se desenvolve nos seguintes passos:

1. Especifique o comportamento indesejado e que você deseja modificar (em nosso caso, o medo de falar em público).
2. Crie uma "imagem pista", que é a imagem do comportamento indesejado numa condição "associada", isto é, vivendo intensamente, na própria pele, a situação, vendo o que viu, ouvindo o que ouviu e sentindo o que sentiu numa situação semelhante passada.
3. Crie uma "imagem desejada", ou seja, uma imagem de como será na situação de sucesso. Essa imagem deve ser "dissociada", isto é, como se estivesse assistindo a um filme de si mesmo na situação.
4. Faça um teste ecológico, refletindo se há alguma parte em você

que tenha alguma objeção quanto à imagem desejada.

5. Visualize ambas as imagens lado a lado simultaneamente. A imagem pista deve estar ampliada e colorida, enquanto a imagem desejada deve estar em preto e branco e com tamanho reduzido.
6. Execute a troca de imagens, dizendo a palavra "Swish" (ou outra significativa para você). Visualize a imagem pista perdendo a cor e se afastando, enquanto a imagem desejada ganha cores e se aproxima. A troca deve ser feita rapidamente.
7. Quebre o estado, isto é, abra os olhos e pense noutra coisa.
8. Repita os passos anteriores pelo menos cinco vezes.

Submodalidades

A mudança de um estado também pode ocorrer por meio de submodalidades, que nada mais são do que variações sobre o sistema representacional respectivo. Imagine uma situação que produziu um sentimento desagradável. Imagine essa cena colorida. Agora, comece a tirar a cor da imagem gradativamente, até que você possa visualizar a cena em preto e branco. Não é incrível como, em preto e branco, a sensação desconfortável diminui?

Experimente outras variações, como diminuir o tamanho da situação até torná-la algo diminuto ou reduzir o volume do som associado a essa imagem.

Um interessante exercício de submodalidade pode ser utilizado para que você se sinta fortalecido para encontrar alguém. Feche os olhos e imagine a pessoa com quem precisa se encontrar diminuindo, até caber na palma da sua mão. Imagine essa pessoa, então, vestida com roupas de palhaço, usando nariz vermelho e maquiagem. Faça essa pessoa dançar na sua mão, dar cambalhotas, enfim, o que quiser, e perceberá que, ao encontrar essa pessoa, você estará bem mais à vontade com ela.

Uma técnica semelhante consiste em pensar várias vezes: "Eu gosto do fulano". Procure repetir esse pensamento e, se possível, vivenciar a sensação de gostar de alguém. Ao encontrar a pessoa, você certamente terá atitudes mais positivas em relação a ela.

Os três pontos críticos

Há um livro extraordinário chamado *El arte del entrenamiento mental*, de Daniel González, que ensina a empregar três elementos críticos para a mudança de estado emocional: realizar um diálogo interno usando as palavras de um campeão preparando-se para a batalha; reproduzir os mesmos movimentos de um campeão que está se preparando para a batalha; respirar como um campeão preparando-se para a batalha. Além disso, o livro ensina os "três pontos críticos", que são ferramentas de gestão emocional dos campeões:

1. **Respiração focada:** inspirar lenta e profundamente até o fundo dos pulmões pelo nariz, até expandir o diafragma, manter o ar por alguns instantes e expirar pela boca lentamente, com a ponta da língua tocando os dentes dianteiros e o resto da língua tocando o palato.
2. **Relaxamento:** em estado de relaxamento profundo, a mente consciente deixa de atuar como filtro do inconsciente, e é quando a mente consciente e crítica é posta de lado pelo relaxamento que a engenharia de imaginação pode chegar diretamente à Mente Oculta.
3. **Engenharia da imaginação:** quando estiver profundamente relaxado, observe a si mesmo como se estivesse em uma película e projete imagens em sua mente de você mesmo obtendo o que deseja. Veja, ouça e sinta como se fosse real.

Mudança de fisiologia

Segundo a PNL, mente e corpo são partes de um mesmo sistema. Isso implica que a mente atua sobre o corpo e vice-versa, sendo possível alterar condições mentais mediante a alteração de condições corporais.

Assim como um pensamento erótico gera uma resposta fisiológica, que é a excitação sexual, ou um pensamento gustativo gera salivação, também uma manifestação física pode gerar uma mudança no padrão de pensamento.

Um exercício simples consiste em gargalhar. Se estiver estressado, no trânsito ou em outra situação, experimente gargalhar por alguns minutos e perceberá que seu nível de estresse diminuirá sensivelmente, podendo até ser eliminado. Se estiver com medo, posicione-se como um guerreiro, cerre os punhos e faça cara de mau, o que irá gerar uma resposta fisiológica de coragem.

Enfrentando o medo

O mecanismo do medo é simples: diante de uma ameaça, a amígdala cerebral produz adrenalina e cortisol; as pupilas aumentam para podermos ver melhor, e a respiração se acelera, oxigenando as células no momento em que o cérebro estabelece a necessidade da reação de luta ou fuga. O medo é uma emoção tão predominante nos seres humanos que a maioria das pessoas passa a vida inteira lutando por alguma coisa ou fugindo de alguma coisa.

O grande psicólogo Emílio Mira y Lopez, na obra Os *quatro gigantes da alma*, retratou o medo como "O Gigante Negro". Segundo dados do Instituto Nacional de Saúde Mental dos EUA, 20,8% das pessoas sofrem de transtorno de ansiedade, ou seja, passam o tempo inteiro com medo de alguma coisa, já que a ansiedade é o medo antecipado de algo que pode ou não ocorrer.

Existe uma verdadeira indústria do medo ao nosso redor. A mídia explora exaustivamente o medo com notícias de crimes bárbaros, programas policiais, filmes violentos, catástrofes etc. Boa parte da propaganda explora o medo da rejeição social. Políticos espalham temores para arregimentar eleitores, jornais faturam em cima de catástrofes e laboratórios ganham milhões com a cura de doenças. Todos propagam o medo e não há maldade nisso, já que, para nossos antepassados, era importante que os sinais de perigo se propagassem rapidamente dentro do grupo, o que confere um efeito contagioso ao medo.

Costumo dizer em minhas palestras que o medo é nosso amigo. Só estamos vivos graças ao medo, que nos ajuda a atravessar uma rua e a suspeitar de estranhos. Mas, como todo amigo, o medo também tem seus defeitos e pode ser muito "chato", pois às vezes fica "cutucando" diante de coisas banais do dia a dia, como falar em público, prestar um exame da faculdade, pedir um aumento de salário ou em situações de maior gravidade, em que é uma disfunção, como nas fobias e ataques de pânico.

Controlar o medo envolve duas coisas: uma decisão e uma estratégia. A decisão é se verdadeiramente escolhemos enfrentar o medo, e a estratégia é como o medo será enfrentado. Alguns medos podem ser tratados com técnicas simples, como a ancoragem e outras. Por exemplo, mudar o modo como pensamos pode mudar o modo como nos sentimos, conforme esclarece o psiquiatra Aaron T. Beck no livro *The Anxiety and Worry Workbook* (O manual da ansiedade e da preocupação). Antes de uma entrevista de emprego, por exemplo, ao invés de pensar "não sei o que dizer, vou ser reprovado", deve-se pensar "estou bem preparado e vou causar uma boa impressão". A simples mudança de pensamento tem efeitos neurologicamente comprovados.

Outra forma de enfrentar o medo é a dessensibilização, exposição gradual à suposta ameaça. Essa é uma técnica muito útil quando se trata de medo de altura, de insetos, de lugares fechados ou de dirigir. Quem tem medo de altura, por exemplo, deve olhar imagens de lugares altos até sentir-se confortável com elas, passando a ver vídeos e, no final do processo, aproximar-se de sacadas muito seguras, ou seja, ir se expondo aos poucos ao que causa medo. Quem tem medo de dirigir deve enfrentar o medo aos poucos, primeiro em jogos de computador que simulam o trânsito, depois pegar o carro aos domingos, que é um dia menos movimentado, preferindo as ruas mais vazias, até conseguir dirigir normalmente.

Uma técnica utilizada em auto-hipnose para enfrentar o medo é a seguinte:

- Feche os olhos e relaxe, respirando profundamente, enquanto conta retroativamente de 100 até 1, o que o levará a um estado de transe leve.
- Defina seu medo e dê um formato e uma cor ao medo – uma montanha negra, por exemplo.
- Imagine que esse objeto que representa o medo está diminuindo de tamanho, até caber na palma de sua mão.
- Quando o medo ficar muito pequeno, jogue-o longe, na direção do sol, até vê-lo desaparecer.

Medo do fracasso

O medo do fracasso nada mais é do que a percepção de uma ameaça psicológica ao ego e à autoestima. Conforme escreveu Phillip McGraw no livro *Estratégias de vida: fazendo o que dá certo, fazendo o que importa,* "o medo número um de todas as pessoas é a rejeição; a necessidade número um de todas as pessoas é a aceitação". Esse tipo de medo ocorre quando alguém é extremamente perfeccionista ou demasiadamente autocrítico. É preciso encarar o fracasso como uma das variáveis possíveis em toda atividade extraordinária, não há forma de obter sucesso sem correr risco, e onde há risco o fracasso é uma possibilidade.

Não perceba o fracasso como uma prova de incapacidade, mas como uma hipótese a ser encarada, que nada tem a ver com seu valor como pessoa ou profissional. Deixe seu ego fora disso, pois para atingir seu objetivo é preciso correr riscos.

Enfrente o medo do fracasso com frases positivas, respiração focada, relaxamento, imagens mentais e ancoragem. Evite focar o negativo. Substitua de imediato pensamentos negativos por positivos e não deixe a mente negativa se instalar.

Não esqueça o que disse Paulo Coelho: "Quantas coisas nós perdemos por medo de perder?".

Existe, muitas vezes sob a forma inconsciente, o chamado "medo do sucesso", que está enraizado em fatores inconscientes, neuroses e crenças limitantes. É essencial reconhecer o medo do sucesso e procurar apoio para vencê-lo.

Cura rápida de fobias

A PNL nos oferece um método rápido para cura de fobias. Escolha uma lembrança desagradável, uma fobia ou uma experiência traumática que deseja neutralizar e faça o seguinte:

1. Imagine que está numa sala de cinema. Veja-se fazendo algo neutro numa pequena tela em preto e branco.
2. Saia do seu corpo e veja-se olhando a si mesmo na tela.
3. Nesta mesma posição, assista a um filme em preto e branco de si mesmo passando pela experiência que deseja neutralizar.
4. Após ter acabado de se ver no filme, quando tudo voltou ao normal, congele a imagem e entre nela. Torne essa imagem colorida e volte o filme de trás para diante rapidamente. É como se você estivesse assistindo ao filme do fim para o início, com você dentro dele, como se estivesse voltando no tempo.
5. Agora, teste. Pense no incidente e observe se consegue se sentir mais confortável. Se conseguir, não precisa fazer mais nada. Senão, repita o processo ou peça ajuda de alguém para repetir a experiência.

Gerenciamento do estresse

Um homem se aproximou de um mestre zen e pediu que lhe fossem ensinados os segredos zen. O mestre disse prontamente:

– Quando estiver trabalhando, apenas trabalhe. Quando estiver comendo, apenas coma. Quando estiver descansando, apenas descanse.

– Mas mestre, não pode ser assim tão fácil – retrucou o homem.

– É fácil, mas poucos conseguem.

Estamos sempre ocupados demais para viver o presente. Nossa reação primordial de medo está sempre nos fazendo lutar por alguma coisa ou fugir de algo.

O estresse é o grande vilão da saúde da mente e do corpo, causando uma série de desequilíbrios em nossa fisiologia, que não está preparada para assimilar os altos níveis de adrenalina e cortisol permanentemente liberados em virtude das "ameaças" da vida moderna. As substâncias liberadas durante o estresse afetam o funcionamento dos lóbulos frontais do cérebro. Há uma relação estreita entre estresse e rendimento, conhecida como Lei de Yerkes-Dodson. O estresse crônico pode causar danos ao hipocampo, que tem muitos receptores de cortisol, provocando perda de memória, da capacidade cognitiva e de concentração.

Alguns hábitos simples podem ser úteis no alívio do estresse:

- pratique ioga, meditação ou outra atividade dessa natureza;
- para relaxar, inspire profundamente, retenha o ar por cinco segundos e solte, repetindo essa respiração várias vezes;
- mantenha vínculos com amigos e familiares;
- ria, pois o riso aumenta a oxigenação do cérebro e libera endorfinas;
- descanse, procurando dormir adequadamente;
- faça exercícios físicos.

Uma boa dica para lidar com o estresse rapidamente é olhar para cima. Estamos tão fechados em nossas preocupações, em nossos pensamentos, em nossos telefones celulares, que não percebemos a grandeza em que estamos inseridos e o quanto nossos problemas são pequenos diante de tudo isso. Ao olhar para cima, podemos contemplar a imensidão do céu, ver as árvores sobre nossas cabeças, as nuvens, as estrelas e coisas desse tipo. Mudando nossa perspectiva, imediatamente nosso cérebro irá produzir substâncias antiestresse. Ao se deparar com a imensidão do universo, não tenha vergonha de reverenciá-lo ou até mesmo de fazer uma oração em silêncio se tiver vontade. A agitação da vida moderna muitas vezes exige que nossa mente retorne à simplicidade dos pensamentos "primitivos".

Controle da raiva

Um monge foi abordado de forma abrupta por um forasteiro que estava tomado de ira.

– Dê-me água – disse o homem, com a voz alterada.

O monge lançou o balde ao rio e trouxe a água, mas estava turva, então ele deixou a água descansar antes de servi-la.

Depois de beber, o forasteiro dirigiu-se ao monge, perguntando:

– Estranho, depois de tomar a água, sinto-me calmo. Que magia você colocou no copo?

– Nenhuma – respondeu o monge –, apenas deixei a água descansar para você não se intoxicar com a lama. Assim a lama depositou-se no fundo. Ao esperar a lama baixar, sua mente também ficou límpida, porque a paciência é a melhor forma de acalmar a mente.

O budismo ensina que a mente irada é como a água turva. É preciso deixar a sujeira da mente baixar para que se possa desfrutar da clareza dos pensamentos.

Muita raiva é uma forma de defesa contra a perda da autoestima. Ao aprender a controlar a raiva, a autoestima fica equilibrada, pois nos recusamos a transformar fatos em emoções. Ao invés de nos transformar em robôs, isso nos proporciona muito mais energia para desfrutar da vida. Segundo David Burns, "você raramente precisa de raiva para se tornar um ser humano".

A raiva tem efeitos tão deletérios quanto o estresse. O controle da raiva está em controlar as reações físicas causadas por essa emoção. Não adote a estratégia de simplesmente ignorar ou reprimir a raiva, pois isso simplesmente não funciona.

Experimente controlar a raiva da seguinte maneira: feche os olhos, respirando profundamente, e imagine que sua raiva é uma nuvem vermelha dentro de você. Então, à medida que respira lenta e profundamente, imagine essa nuvem de fumaça evaporando-se do seu corpo, até se extinguir.

Experimente também o seguinte:

- respire fundo e conte até dez;
- imagine-se numa praia;
- aos poucos, vá pensando que essa sensação só trará mais problemas.

RESUMO

1. Mude seu pensamento para mudar suas emoções.

2. Use técnicas de mudança e controle emocional, como ancoragem, Swish e submodalidades, para acessar estados emocionais poderosos.

3. O medo é amigo, devendo ser usado para a sobrevivência e realização pessoal.

4. Recuse o medo do fracasso e mais ainda o medo do sucesso.

5. Use a cura rápida de fobias como auxílio para livrar-se de medos doentios.

6. O estresse é um dos principais fatores de desequilíbrio, doença e fracasso. Controle o estresse e viva melhor.

7. Aprenda a controlar a raiva ao invés de simplesmente reprimi-la.

SEGREDO Nº 5

A MAGIA DA COMUNICAÇÃO

"Comunicação não é o que você fala,
mas o que o outro compreende do que foi dito".
– Claudia Belucci, educadora

Um experiente guerreiro levou seu filho até o alto de uma montanha e disse:

– Veja, meu filho, como a natureza é grandiosa. Experimente dizer-lhe alguma coisa.

O jovem, olhando a imensidão do vale, gritou:

– IDIOTA!

Em seguida ouviu-se o eco ressonante da palavras: "IDIOTAAAAA".

– Meu filho – disse o guerreiro –, não esqueça de que a montanha é uma representação do mundo. O que você disser ao mundo, ele devolverá para você.

Minha experiência ensinou-me que comunicação eficaz é aquela capaz de impactar o mundo positivamente.

Outro dia, como de costume, cheguei à minha academia de ginástica e deparei com o seguinte cartaz:

"Personalize-se! Use o uniforme da academia!".

Chamei meu instrutor e amigo e perguntei-lhe o que estava errado na frase. Ele não soube responder. Expliquei que há uma incompatibilidade entre personalizar-se e vestir uniforme. Se as pessoas estão uniformizadas, estão igualmente vestidas, e isso retira delas as características de sua personalidade. Sócrates, o grande filósofo grego, desentendeu-se com os sofistas, intelectuais influentes de sua época, porque procurava a verdade além das palavras. Mas até hoje os sofistas continuam atuando. A propaganda, por exemplo, está repleta de truques de comunicação, a começar por uma marca de refrigerantes que diz: "Abra a felicidade". Ou uma estrela de cinema que se banha com um sabonete absolutamente comum.

Essas coisas funcionam porque a comunicação poderosa não apela para a razão das pessoas, e sim para a emoção. Comunicar não é falar e sim impactar. É gerar emoção e ação.

Segundo Paul Watzlawick (1921-2007), um dos maiores especialistas em comunicação humana, fundador do Mental Research Institute de Palo Alto (Califórnia), os seres humanos comunicam-se de forma digital e analógica. Para além das próprias palavras e do que é dito (comunicação digital), a forma como é dito (a linguagem corporal, a gestão dos silêncios, as onomatopeias) também desempenha uma enorme importância (comunicação analógica). A PNL utiliza como um de seus pressupostos uma das ideias de Watzlawick: "É impossível não se comunicar". As pessoas estão o tempo inteiro transmitindo informações, conscientes ou inconscientes, umas às outras. Então, se estamos sempre nos comunicando, por que não fazer isso de maneira certa e eficaz?

Audição

Pode parecer estranho, mas a primeira habilidade de um comunicador é a boa audição, isto é, saber ouvir. Há um ditado que diz que, se temos dois ouvidos e uma boca, significa que devemos ouvir mais e falar menos. Uma criança aprende primeiro a ouvir e só depois a falar. Infelizmente, com o tempo, nos tornamos péssimos ouvintes. Mas a verdade é que todos os bons comunicadores desenvolvem a capacidade de ouvir o interlocutor.

Ouvir significa prestar atenção ao outro. E todas as pessoas gostam de se sentir importantes ou, pelo menos, interessantes. Por isso, um bom comunicador é aquele que demonstra estar interessado no outro, ouvindo atentamente o que o outro diz.

A maioria das pessoas costuma ouvir pensando em retorquir, para demonstrar que é mais inteligente e que tem respostas para dar. Essa não é a atitude correta da comunicação eficaz.

Um comunicador eficaz ouve atentamente e reflete, demonstrando estar atento às necessidade e aspirações de seu interlocutor e de seu público.

Visão

A visão é um dos grandes atributos da comunicação. Uma comunicação eficaz exige contato visual com o interlocutor e com o público. As pessoas gostam de ser vistas ou, pelo menos, ser notadas.

Quando estiver conversando com alguém, comunique-se por meio de contato visual. Evite olhar para os lados ou adotar aquela visão que olha "através" do outro.

O grande mágico espanhol Juan Tamariz ensina uma técnica maravilhosa para manter contato visual com o público. Ele diz que devemos imaginar fios saindo de nossos olhos e atingindo os olhos dos espectadores. Procure olhar cada pessoa da plateia e lançar fios diretamente em direção aos olhos das pessoas. Esses fios devem ser tensionados durante a apresentação, para que não se percam. Mas é preciso ter cuidado para não tensionar demais, a fim de que não se rompam. Então, imagine que está lançando fios que saem de seus olhos em direção aos olhos de cada espectador, mantendo esses fios levemente tensionados durante toda a apresentação.

Energia

Um comunicador deve demonstrar energia. O público sabe a diferença entre alguém que fala com intensidade e alguém que fala apenas para cumprir um compromisso.

Portanto, quando for falar, demonstre entusiasmo e energia. Existe uma técnica para isso que se chama iluminação. Antes de começar a falar, imagine que seu corpo está totalmente iluminado, como se fosse uma fonte de luz. Durante sua fala, procure irradiar essa luz por todo o recinto.

Essa atitude mental irá transformar sua fala em uma mensagem inspiradora e repleta de energia.

Emoção

Não há nada mais importante na comunicação do que a emoção. Os grandes comunicadores sabem tocar a emoção das pessoas.

Conforme a paráfrase de um pensamento de Carl W. Buehner, "as pessoas esquecerão o que você disse, as pessoas esquecerão o que você fez. Mas elas nunca esquecerão como você as fez sentir". Portanto, procure tocar a emoção das pessoas.

Credibilidade

A comunicação eficaz exige credibilidade. Ninguém irá convencer alguém de algo de que também não esteja convencido.

A premissa da credibilidade é que não haja conflito entre o que a boca diz e o que o corpo comunica. Para isso, o comunicador precisa falar com convicção.

Rapport

O principal recurso da comunicação é sem dúvida o *rapport*. Esta é uma palavra francesa que não tem tradução específica para a língua portuguesa, devendo ser entendida como empatia ou identificação com o outro. Um bom *rapport* estabelece vínculo emocional imediato e melhora sensivelmente a comunicação entre as pessoas, especialmente nas seguintes situações:

- por ocasião de um primeiro encontro com o sexo oposto, um cliente, um novo colega, superior, subordinado etc.;
- no início de uma conversa, como pedido de emprego, entrevista comercial, consulta médica etc.;
- para melhorar o trabalho em grupo;
- para enfrentar uma conversa difícil, em que haja conflito de interesses ou divergências.

O *rapport* começa com um aperto de mãos sincero e confiável. A palma da mão não deve estar voltada para cima, para não demonstrar subserviência, nem para baixo, pois isto pode ser interpretado como uma iniciativa dominadora. Se sentir um aperto de mão forte, retribua apertando a mão com força. Um cumprimento suave requer a mesma intensidade. Cuidado, porém, para não deixar a mão flácida, que é sinal de insegurança, podendo ser interpretado como inconfiável. Evidentemente, quando um homem cumprimenta uma mulher, sua mão deve estar firme, porém, sem fazer força. Em síntese, tenha um aperto de mão firme, sorrindo e olhando a outra pessoa nos olhos.

Outro aspecto importante do aperto de mão é o tipo de "pegada". O cumprimento deve abranger a mão inteira, isto é, palma com palma, e não apenas os dedos da outra pessoa. Algumas sociedades secretas, como a maçonaria, possuem uma forma peculiar de aperto de mão. Se você não se identifica com o gesto, não o retribua para não ser mal interpretado.

As técnicas de *rapport* baseiam-se na ideia de que, se uma pessoa se parece com outra, ocorre identidade e confiança. É como se alguém dissesse: "Essa pessoa se parece comigo, então posso confiar nela". Por isso, imitação e espelhamento são os principais mecanismos de *rapport.*

Imitar significa repetir com a máxima fidedignidade o comportamento do outro, ao passo que espelhar significa adotar posturas e gestos simétricos, como se o outro se olhasse no espelho.

Quando encontrar outra pessoa, observe a forma como ela se posiciona e procure posicionar-se da mesma maneira. Mas é preciso ter discrição ao imitar e espelhar, para que a outra pessoa não se sinta desconfortável. O procedimento deve ser sutil e discreto.

Procure falar na mesma velocidade e com o mesmo tom de voz. Assim, se a outra pessoa fala devagar, fale devagar também. Se a outra pessoa fala rápido, acelere sua fala. Se o outro fala alto, procure falar alto também.

Uma boa técnica de *rapport* consiste em obter anuência do interlocutor mediante fatos incontroversos. Por exemplo: "Está calor, não é verdade?". "O trânsito está cada vez mais caótico." "O governo deveria dar mais atenção às políticas públicas."

Identifique o sistema representacional (modalidade visual, auditiva ou cinestésica) em que a pessoa está processando informações e procure adequar-se a esse sistema. Uma pessoa pode, numa mesma conversa, alterar o sistema representacional ou utilizar mais de um. Portanto, é preciso ter acuidade para identificar o canal e utilizar as palavras adequadas. Com pessoas que estejam no modo visual, devem ser utilizadas palavras compatíveis, como "veja", "note", "visível" etc. Com pessoas auditivas, as palavras relacionadas a sons são mais adequadas, como "ouça", "escute", "música para meus ouvidos" etc. Com pessoas cinestésicas, prefira expressões sensoriais, como "sinta", "perceba", "é quente" e assim por diante.

Por fim, lembre-se de ser um bom ouvinte. Demonstre respeito pelo seu intelocutor e faça perguntas para demonstrar que está realmente interessado no que ele tem a dizer.

As linguagens da comunicação

Existem três tipos de linguagem necessária à comunicação eficaz:

1. **Linguagem verbal:** segundo estudos científicos, apenas 7% da comunicação humana ocorre em nível verbal, ou seja, o conteúdo do discurso não é o mais importante. Representando tão pouco, é importante então otimizar o uso das palavras na comunicação, e é por isso que vamos dar especial atenção às palavras. Procure utilizar palavras que envolvam todos os sistemas representacionais, abrangendo os modos visual, auditivo e cinestésico. Prefira usar palavras concretas, que apelem aos sentimentos, e não palavras abstratas e puramente racionais. Por exemplo, em vez de dizer que uma pessoa é pobre, diga que mora numa casa simples e trabalha como empregada doméstica. Procure utilizar palavras simples ao invés de palavras técnicas, a menos que tenha certeza de que o público as entenderá. Procure usar palavras incisivas e memoráveis: "O povo é o verdadeiro soberano deste país!". Finalmente, é preciso ressaltar que a comunicação eficaz deve primar por uma linguagem verbal positiva, pois o cérebro humano não tem a experiência do negativo, da palavra "não".
2. **Linguagem sonora:** basta pensar no quanto as pessoas gostam de música para entender que sua fala deve ter sonoridade. Isso significa que sua voz deve ser usada de forma correta. A voz representa 38% da comunicação e, portanto, merece um cuidado

especial. Procure evitar a monotonia, modulando e alterando o tom de voz. Procure alternar seu discurso entre altos e baixos. Aliás, falar baixo é uma boa forma de dar ênfase a determinada ideia. Outra forma de dar sonoridade ao discurso é alterar o ritmo, isto é, alternar entre rápido e devagar. Não esqueça... as pausas... são essenciais na comunicação e devem ser usadas para enfatizar aspectos importantes.

Outra técnica da comunicação eficaz é en-fa-ti-zar. Podemos enfatizar palavras ou frases inteiras. "Nada... neste mundo... é tão importante quanto... a esperança". Enfatizar é como marcar uma palavra ou frase.

3. **Linguagem corporal:** 55% da comunicação está na forma como o comunicador se comporta, isto é, nos seus gestos e posturas. É expressamente proibido manter uma postura cansada e desinteressada, pois isso é imediatamente transmitido ao público. Mantenha seus ombros erguidos e o rosto direcionado ao público e faça gestos amplos, evitando cruzar os braços ou manter as mãos cruzadas diante do corpo.

O poder das histórias

Os grandes comunicadores contam histórias. As histórias são a primeira forma de interação humana e estão na base da cultura de todas as civilizações. Por isso, o cérebro humano é programado para gostar de histórias.

Um comunicador eficaz sabe disso e, ao invés de encher seu público com dados estatísticos, faz das histórias um caminho mágico para levar sua mensagem.

Enquanto a mente consciente é extremamente crítica com as pessoas e as palavras, ao mesmo tempo não impõe barreiras às histórias. Portanto, as histórias estabelecem comunicação direta com o inconsciente, tornando-se potentes ferramentas da comunicação eficaz.

Além das histórias, a PNL enfatiza o poder das metáforas, pois estas driblam a resistência e alcançam a mente inconsciente de uma forma mais profunda e direta. Uma metáfora é uma narração que faz analogia de algo que está no nível consciente com algo que se encontra em nível mais profundo. Podemos considerar metáforas, portanto, todas as manifestações verbais indiretas que criam uma analogia com fatos relevantes da comunicação, isto é, uma forma de dizer uma coisa invocando outra, como histórias, parábolas, provérbios, citações, anedotas ou piadas, mitos, contos, fábulas, comparações ou até mesmo imagens rápidas e simples, como quando se diz "uma luz no fim do túnel".

O psicólogo norte-americano Milton Erickson foi um dos maiores mestres dessa forma de comunicação, promovendo transes hipnóticos e curas por meio de metáforas.

Medo de falar em público

A norte-americana Phyllis Mindell escreveu que "entre falar em público ou ser frita, a maioria das pessoas optaria por ser frita em azeite". De todos os medos existentes, sem dúvida alguma um dos mais comuns é justamente o medo de falar em público, cujo nome específico no dicionário das ansiedades humanas é lalofobia.

Várias são as causas psicológicas desse tipo de medo, que se processa numa reação instintiva relacionada à rejeição e ao abandono. As pessoas definitivamente não gostam de se expor, e isso aumenta a sensação de insegurança diante de públicos.

Com certeza a internet ampliou a comunicação, mas reduziu sensivelmente o contato direto, na medida em que as pessoas estão cada vez menos dedicadas a experiências comunicativas de "carne e osso". Falar pelo computador é mais rápido e menos arriscado sob o ponto de vista psicológico.

A primeira coisa a fazer é saber que o medo de falar em público é um fenômeno fisiológico comum, uma resposta emocional do cérebro a uma situação percebida como ameaçadora.

Existem práticas de relaxamento e exercícios que ajudam a combater esse medo. Seguramente a auto-hipnose é uma das técnicas mais indicadas para essa forma de ansiedade.

A programação neurolinguística ensina uma técnica excelente para vencer o medo de falar em público que pode ser utilizada para inúmeras outras situações da vida. Chama-se "Padrão Swish". Os passos dessa técnica são os seguintes:

1. Especifique o comportamento indesejado que você deseja modificar (em nosso caso, o medo de falar em público).
2. Crie uma "imagem pista", que é a imagem do comportamento indesejado numa condição "associada", isto é, vivendo intensamente, na própria pele, a situação, vendo o que viu, ouvindo ou que ouviu e sentindo o que sentiu numa situação semelhante passada.
3. Crie uma "imagem desejada", ou seja, uma imagem de como será a situação de sucesso. Em nosso caso, imagine-se fazendo uma excelente apresentação. Essa imagem deve ser "dissociada", isto é, como se estivesse assistindo a um filme de si mesmo na situação.
4. Faça um teste ecológico, refletindo se há alguma parte em você que tenha alguma objeção quanto à imagem desejada.
5. Visualize ambas as imagens lado a lado simultaneamente. A imagem pista deve estar ampliada e colorida, enquanto a imagem desejada deve estar em preto e branco e com tamanho reduzido.
6. Execute a troca de imagens, dizendo a palavra "Swish" (ou outra significativa para você). Visualize a imagem pista perdendo a cor e se afastando, enquanto a imagem desejada ganha cores e se aproxima.

7. Quebre o estado, isto é, abra os olhos e pense noutra coisa.
8. Repita os passos anteriores pelo menos cinco vezes.

A prática repetida desse exercício eliminará paulatinamente a lalofobia. Não deixe de realizar o Padrão Swish minutos antes de cada apresentação, acompanhado de exercícios respiratórios, relaxamento e auto-hipnose.

O começo do discurso

Não tenha dúvida: em matéria de comunicação, a primeira impressão é a que fica! Os primeiros minutos com os ouvintes são cruciais. Evite entrar direto no assunto ou usar chavões como: "O assunto de hoje é...", "falarei sobre..." e assim por diante.

Experimente começar de uma forma divertida, lúdica, impactante, surpreendente ou inspiradora. As formas mais recomendadas são:

- **Utilizar humor:** cuidado para não usar piadas embaraçosas, confusas ou que não tenham graça alguma. O melhor humor é o que surge espontaneamente, nas circunstâncias do próprio discurso.
- **Contar uma história pessoal:** é uma excelente forma de começar, desde que seja possível fazer conexão com o assunto.
- **Lançar uma indagação estimulante:** compartilhar uma dúvida é fazer um gancho no raciocínio dos ouvintes.
- **Compartilhar uma citação:** escolha uma frase inteligente que tenha alguma conexão com o discurso, desenvolvendo a ideia em seguida.
- **Apresentar um fato ou estatística surpreendente:** algumas estatísticas são capazes de causar forte impacto e são ótimas aberturas.

- **Iniciar uma história:** experimente começar a contar uma história, desenvolver a apresentação e deixar o final da história para a conclusão.

Preparação

A preparação é sem dúvida o principal aspecto de uma comunicação eficaz. Além de garantir uma mensagem coerente e consistente, a preparação reduz sensivelmente a ansiedade diante do público, pois transmite segurança para quem tem a missão de falar.

Uma boa preparação deve envolver, antes de qualquer coisa, a delimitação do assunto. Evite falar sobre mais de um assunto e, dentro de um tema, limite-se aos aspectos principais. Lembre-se de que uma boa apresentação não deve ultrapassar uma hora.

O ato seguinte é a pesquisa, isto é, a verificação do material disponível a ser utilizado, recolhendo as informações mais importantes.

Segue-se a isso a construção do roteiro: introdução, contendo a colocação do assunto de forma interessante; desenvolvimento, que conterá os argumentos a favor e contra, antecipando respostas às possíveis objeções; e conclusão, que deverá apresentar um chamamento à ação.

É bom lembrar que a preparação envolve a seleção adequada dos recursos que serão utilizados, incluindo as anedotas e histórias que serão contadas.

Ao preparar sua apresentação, não esqueça de buscar identificar o tipo de público que o espera. Tratando-se de pessoas hostis, procure encontrar pontos de convergência e não comece a apresentação atacando a posição delas. Concentre-se na sua credibilidade e mostre que está preparado. Seja um bom ouvinte, respeitando os sentimentos, valores e crenças dos outros.

Quem é o vilão?

Steve Jobs foi um dos maiores comunicadores de todos os tempos. Há quem diga, inclusive, que a Apple só se tornou uma potência no ramo da tecnologia graças a ele e sua incrível capacidade de comunicação.

Em suas apresentações, Steve Jobs seguia uma receita milenar de sucesso, que podemos reduzir na fórmula vilão x herói = triunfo do herói. Ele costumava apresentar um vilão, que poderia ser um problema ou outra coisa, que no final deparava com uma solução "heroica".

Portanto, ele utilizava uma fórmula arquetípica de triunfo do bem contra o mal. Com isso, prendia a atenção em apresentações emocionantes e repletas de significado.

Embora Steve Jobs só quisesse vender computadores, acabava vendendo épicos. Mas quem não compraria?

Utilização de Power Point e outros recursos

É preciso tomar cuidado para não fazer dos materiais de apoio uma "muleta", tornando-os a parte principal, quando são apenas acessórios. É um grande erro, cometido por muita gente, transformar uma apresentação numa leitura enfadonha de slides de Power Point (ou similar).

A utilização de data show não deve tornar-se a base da apresentação. Deve, isso sim, servir como ilustração de pontos interessantes ou fundamentais. Na elaboração dos slides, deve-se ter o cuidado para não enchê-los de texto que serão simplesmente lidos durante a apresentação. Mais do que nunca, vale a máxima de que "uma imagem vale por mil palavras".

Ao invés de colocar nos slides todo o conteúdo da apresentação, procure colocar frases interessantes, vídeos e imagens que reforcem a mensagem a ser passada.

Richard Mayer, que estudou durante décadas os efeitos das apresentações multimídia, chegou às seguintes conclusões:

- aprendemos melhor com palavras e imagens do que só com palavras;
- aprendemos melhor quando as palavras e imagens se apresentam simultânea e não sucessivamente;
- aprendemos melhor quando as palavras e as imagens estão espacialmente próximas entre elas;
- aprendemos melhor quando o material que não tem a ver com o conteúdo é extraído da apresentação;
- aprendemos mais com animação e narração do que com animação e texto.

Falar de improviso

Falar de improviso deve, sempre que possível, ser evitado. Mas há situações em que é impossível estar com um discurso pronto para apresentar e o improviso é inevitável. Em minha carreira, enfrentei inúmeras situações em que me foi dada a palavra sem nenhum tipo de "aviso prévio", não me restando outra saída senão procurar articular algumas palavras de forma minimamente satisfatórias.

Na verdade, embora não seja recomendável, falar de improviso torna-se absolutamente fácil quando existe um meio de organizar o pensamento rapidamente. Para isso, justamente, criei um método que chamo de MODELO, pois é isso mesmo, um modelo para organizar o pensamento em discursos de improviso.

A primeira coisa a fazer é *mostrar* (MO), isto é, revelar um fato ou uma situação importante, que pode ser uma pessoa homenageada, uma ideia, uma manchete ou até mesmo o próprio momento que está sendo objeto do discurso. Exemplo:

"Este é um momento muito especial, no qual estamos inaugurando este importante espaço cultural que irá se dedicar à educação dos jovens".

O segundo passo é *descrever* (D), ou seja, especificar cada aspecto do assunto ou objeto, atribuindo-lhe a devida importância no contexto. Exemplo: "Esta não é uma sala de aula qualquer. É uma sala nova e arejada, que reúne todas as condições necessárias ao aprendizado, com carteiras impecavelmente fabricadas. Vejo que o espaço está planejado para receber mais de cem pessoas, o que é um marco em nossa instituição".

Por fim, resta *elogiar* (ELO) o objeto do discurso, enfatizando sua importância e seus benefícios, ou, ao contrário, estabelecer as críticas. Também se pode antecipar eventuais críticas e desde logo rebatê-las. É o momento de encerrar o discurso e, portanto, nada melhor do que falar sobre a importância do que quer que esteja sendo tratado. Pode-se, é claro, recapitular brevemente os aspectos anteriores do discurso. Exemplo: "Diante de tudo que foi dito, de que temos uma iniciativa digna de aplauso, um espaço cultural em excelentes condições, destinado a uma causa nobre, só me resta elogiar esta importante iniciativa. Elogiar não apenas esse espaço cultural por tudo que ele representa, mas principalmente as pessoas que tornaram possível essa realização. Sem dúvida, um importante passo num caminho sem volta em direção ao bem-estar de muitas pessoas".

Como se percebe, falar de improviso é fácil, bastando, para tanto, ter um MODELO que organize o raciocínio quase no mesmo instante em que ele é produzido.

Reuniões

É impressionante como a maioria das pessoas definitivamente não sabe realizar uma reunião. É comum ver assuntos simples levarem horas para ser dissecados por falta de planejamento e objetividade.

Antes de marcar uma reunião, é preciso ter certeza de que o assunto não pode ser resolvido com um telefonema ou dirigindo-se à mesa do colega de trabalho.

Os objetivos da reunião devem estar bem claros desde o início. Se houver mais de um assunto a ser tratado, deve ser elaborada uma pauta, que deverá ser previamente encaminhada aos participantes para que possam se preparar para a reunião.

Além disso, tenha o cuidado de proporcionar todas as informações, como dados, estatísticas, ofertas disponíveis ou outras que sejam necessárias à tomada das decisões.

Devem ser convidadas para a reunião todas as pessoas-chave e tão somente essas. O excesso de pessoas ampliará a discussão e poderá suscitar pontos de vista que não são relevantes ou convenientes para a solução dos assuntos. Peça às pessoas que não puderem comparecer que mandem um substituto com autoridade para decidir, deixando bem claro quais as decisões que precisam ser tomadas.

Uma reunião deve ter horário de princípio e término, solicitando-se no início que as pessoas procurem manter a objetividade a fim de se cumprir o horário programado.

É muito importante lembrar de reservar o espaço da reunião, respeitando as regras da organização. Certifique-se de que o local é adequado, possuindo espaço suficiente e os recursos necessários (papel, caneta, data show etc).

Saber conduzir uma reunião também é muito importante. Em primeiro lugar, comece no horário, podendo estabelecer uma tolerância de no máximo dez minutos. Ao iniciar, relembre a todos os objetivos da reunião e o horário de término. Se houver pessoas desconhecidas, apresente-se e peça aos demais que se apresentem. Dê tempo a todos para que manifestem suas opiniões, solicitando objetividade nas manifestações, especialmente aos mais prolixos. Faça perguntas aos mais tímidos para que eles também possam se expressar. Não permita que se fuja do assunto, utilizando intervenções delicadas como "muito bem, vamos marcar uma reunião para discutir esse assunto em especial". Procure obter decisões por consenso, dizendo: "Podemos encaminhar nesse sentido, estão todos de acordo?". Se não houver consenso, proponha uma votação, dizendo: "Bem, creio que todos já se manifestaram e o assunto está maduro, podemos votar? Quem é contra o que foi proposto?".

Caso surja alguma discussão, atue como mediador e proponha uma pausa ou um café. Não permita que os ânimos fiquem alterados.

Uma última dica: tome nota das reuniões.

Comunicação ao telefone

Existem observações próprias para a comunicação ao telefone. Vendas, encontros, discussões, viagens e muitas coisas acontecem ou deixam de acontecer em virtude de contatos feitos de maneira adequada ou inadequada por esse meio de comunicação.

Portanto, da próxima vez que falar ao telefone, lembre-se do seguinte:

- Estabeleça o objetivo da ligação.
- Planeje sua conversa.
- Sorria durante a conversa (por mais incrível que pareça, isso pode ser percebido ao telefone).
- Demonstre educação.
- Saiba quando usar o humor.
- Seja sucinto e direto.
- Demonstre sinceridade e simpatia.
- Utilize perguntas para controlar a conversa.
- Retorne as ligações em menos de 24 horas.
- Deixe mensagens claras por correio de voz e dê motivos explícitos para o retorno das chamadas.
- Escute mais do que fale.

- Não fale alto demais e mantenha o fone a uma distância de 2,5 cm da boca.
- Varie o ritmo da fala e a modulação da voz.
- Termine a fala em tom positivo.

Negociação

O equilíbrio das relações humanas está na cooperação. Por isso, ao negociar, procure colocar-se na posição da outra pessoa e entender seu ponto de vista. Compreender integralmente as necessidades do outro é essencial para compreender seus interesses. O sucesso de uma pessoa não precisa significar o fracasso de outra. No livro *Os 7 hábitos das pessoas altamente eficazes*, Stephen Covey propõe a utilização da mentalidade Ganha-Ganha ao invés da mentalidade Ganha-Perde.

Lembre-se de que a intenção de cada parte não é o conflito, mas o seu bem-estar. Portanto, uma negociação deve buscar o bem-estar das partes envolvidas. No livro *O profeta*, Khalil Gibran diz que "se a troca não for feita com amor e justiça, vai levar uns à avareza e outros à fome". Portanto, procure sempre identificar a necessidade subjacente ao interesse. Os pontos essenciais de uma negociação podem ser resumidos da seguinte forma:

O QUE – significa saber exatamente o que o outro quer e o que nós queremos (identificar os interesses);

POR QUE – identificar a necessidade por trás de cada um dos interesses;

COMO – identificar quais os pontos de convergência entre as necessidades e a forma de superar os aspectos divergentes.

A negociação deve sempre estar amparada num bom *rapport* e, acima de tudo, no bem-estar de cada um dos negociadores, compreendendo-se as necessidades mútuas de cada um, lembrando-se que um negócio vantajoso para uma das partes só tem sentido se não causar infelicidade à outra pessoa.

Defeitos de linguagem

Um homem chegou a um pequeno povoado e logo ficou famoso por transformar metais comuns em ouro. Depois de atrair a atenção de muitas pessoas, colocou à venda esse segredo "milenar", que consistia num ingrediente mágico que deveria ser misturado a qualquer metal. Muitas pessoas compraram o ingrediente, recebendo então as instruções de como realizar a transformação:

– misturar com a mão esquerda;

– misturar sempre em círculo, da direita para a esquerda;

– não pensar nas estrelas.

Evidentemente os incautos não conseguiram transformar outros metais em ouro e foram reclamar ao trambiqueiro. A cada nova reclamação ele respondia da mesma maneira:

– Bem, eu fui claro em minhas instruções e avisei para não pensar nas estrelas. Certamente você não conseguiu...

Algumas palavras, como o "não", podem dificultar a comunicação e merecem, portanto, um cuidado especial.

A palavra NÃO existe apenas na linguagem, e não na experiência. Por isso, evoca o que está ligado a ela. Um exemplo disso é "não pense nas estrelas", em que justamente a imagem do céu estrelado vem à nossa mente. Ocorre que é impossível não pensar em estrelas sem pensar, justamente, nas estrelas. O cérebro não tem experiência da palavra não. Por isso, se uma mãe diz à criança que não se suje, é bem possível que a criança apareça suja na primeira meia hora. É exatamente assim que o cérebro funciona, sempre no positivo! Portanto, procure usar frases positivas. Diga o que você quer e não o que não quer.

A palavra MAS nega o que vem antes. "Helena é bonita, mas...".

A palavra TENTAR pressupõe a possibilidade de fracasso.

NÃO POSSO ou NÃO CONSIGO sugerem incapacidade.

Substitua o pretérito pelo presente. Em vez de dizer "eu gostaria de agradecer" diga simplesmente "eu agradeço".

Substitua o SE por QUANDO, pois esta é uma palavra otimista, ao contrário de SE, que é condicional. Por exemplo, ao invés de "se você aprovar", diga "quando você aprovar".

Pela mesma razão, substitua "ESPERO QUE" por "SEI QUE". Por exemplo, ao invés de dizer "espero que vocês gostem", diga "sei que vocês irão gostar".

A linguagem do amor

Finalmente, compreenda que comunicar é um ato de amor. Quer se trate de uma aula, uma palestra, uma venda, sempre se deve comunicar com amor. No livro *Como fazer amigos e influenciar pessoas*, Dale Carnegie escreveu que o grande Howard Thurston, um dos maiores mágicos da história, era amado pelo público, levando sua carreira ao auge do sucesso, embora não tivesse nenhuma formação acadêmica. O segredo "mágico" de Thurston era muito simples: antes de entrar em cena, repetia para si mesmo: EU AMO MEU PÚBLICO.

Ao entrar em cena com esse sentimento, toda sua fisiologia se orientava para realizar esse pensamento, o que gerava entre Thurston e seu público uma forte empatia.

A magia da comunicação está em compreender que comunicar é um ato de amor pelos ouvintes. Veja o que disse Khalil Gibran sobre o amor em seu clássico livro *O profeta*:

"Quando vós amais, não deveis dizer: 'Deus está no meu coração', mas sim 'estou no coração de Deus'".

RESUMO

1. Um comunicador poderoso habitua-se a ouvir atentamente as pessoas.

2. Utilize o contato visual para criar conexão e se comunicar melhor. Imagine fios saindo de seus olhos em direção aos olhos do público.

3. Demonstre energia ao se comunicar.

4. Procure tocar a emoção das pessoas.

5. A comunicação poderosa exige credibilidade do comunicador e de sua mensagem.

6. Estabeleça *rapport* para gerar comunicação poderosa.

7. A comunicação ocorre por meio de linguagem corporal, linguagem sonora e linguagem verbal.

8. Conte histórias e use metáforas para se comunicar poderosamente.

9. Vença o medo de falar em público.

10. Comece o discurso de forma divertida, lúdica, impactante, surpreendente ou inspiradora.

11. Prepare-se para comunicar.

12. Quando possível, estabeleça um vilão que será vencido ao final.

13. Nos debates, siga o conselho de Benjamin Franklin, evitando toda contradição direta aos sentimentos alheios, bem como toda afirmativa decisiva, lembrando que mesmo no antagonismo pode haver cordialidade e gentileza.

14. Faça uso racional dos recursos audiovisuais.

15. Evite falar de improviso. Quando o improviso for inevitável, use a fórmula MODELO.

16. Faça reuniões organizadas, objetivas e propositivas.

17. Ao negociar, procure entender as necessidades da outra pessoa.

18. Evite expressões defeituosas. Fale no positivo e evite expressões como "não posso", "não consigo", "tentar" etc.

19. Internalize o sentimento de amor pelo público.

SEGREDO Nº 6

LEITURA DA MENTE

"É verdade que se mente com a boca;
mas a careta que se faz ao mesmo tempo
diz, apesar de tudo, a verdade."
– Friedrich Nietzsche, filósofo

Muito antes de desenvolver a comunicação verbal, os seres humanos comunicavam-se por meio de sinais e expressões. Essa forma de comunicação ainda é percebida em diversos animais e, embora primitiva, é responsável até hoje por mais de 50% da comunicação humana. Estudos revelam que apenas 7% da comunicação é verbal.

Somos naturalmente capazes de identificar padrões emocionais e sensações simples, como raiva, alegria, dor etc. Com alguma observação, podemos identificar com muita clareza emoções e pensamentos sem que nosso interlocutor precise dizer uma única palavra.

Faça um teste: peça a um amigo que pense em uma pessoa de quem gosta muito. Enquanto ele faz isso, observe a posição de seus olhos, o ângulo da cabeça, a intensidade e velocidade da respiração, as diferenças no tônus muscular da face, na cor da pele, na espessura dos lábios e no tom de voz. Agora, peça-lhe para pensar em alguém de quem não gosta. Observe a diferença nesses sinais. Diga-lhe para pensar novamente nas duas pessoas, até que possa detectar com certeza algumas das mudanças na fisiologia.

Finalmente, peça para seu amigo pensar em uma das pessoas, mas sem dizer qual. Você saberá em quem ele está pensando pelas pistas físicas que identificou, como se estivesse lendo a mente dele.

Os sinais sutis da linguagem corporal geralmente passam despercebidos, mas são a expressão externa de pensamentos internos ou, como diz Joseph O'Connor, "são pensamentos na sua dimensão física".

A seguir, estudaremos padrões de linguagem corporal, que nada mais são do que sinais emitidos inconscientemente pelo cérebro, revelando o que realmente está por trás de expressões faciais, gestos, posturas e comportamentos. Todavia, é necessário compreender antes de tudo que esses sinais não devem ser lidos isoladamente, mas em conjunto e considerando-se as circunstâncias. Por exemplo, o fato de cruzar os braços é um gesto de proteção e distanciamento, mas pode significar simplesmente que o ar-condicionado está desregulado e a pessoa está com frio. Pupilas dilatadas podem indicar que a pessoa está interessada ou simplesmente que há escassez de luz no ambiente.

Cuidado, portanto, para não realizar interpretações precipitadas e dissociadas da realidade. Como sempre, observação e sensibilidade são essenciais.

Sinais essenciais

Corpo curvado: baixa autoestima, falta de autoconfiança.
Punhos cerrados: agressividade ou posição de defesa.
Braços cruzados: posição não receptiva ou de desconforto, protegendo-se.
Arrastar os pés*:* letargia, cansaço ou displicência.
Bater os pés: impaciência ou nervosismo.
Ombros caídos: letargia ou tédio.
Esfregar as mãos nas roupas: nervosismo ou desinteresse.
Mãos atrás da cabeça: arrogância ou sentimento de superioridade.
Mãos nos quadris: o peito está "aberto", revela provocação ou desafio.

Mãos inquietas com objetos: nervosismo, culpa.

Mãos na mesa: concordância, aceitação.

Cabeça baixa: timidez.

Cabeça apoiada na mão: tédio, desinteresse, salvo se estiver em forma de "L", com o queixo sobre o polegar e outros dedos na face; nesse caso é justamente o contrário, ou seja, significa interesse e atenção.

Reclinar-se para trás: desinteresse ou desconforto, distanciamento.

Inclinar-se à frente: interesse e conforto.

Olhar o relógio: tédio, desinteresse.

Massagear as têmporas: ansiedade.

Concordância com a cabeça: interesse e compreensão, ou apenas desejo de agradar, o que, nesse caso, demonstra insegurança.

Balançar as pernas: inquietação e estresse.

Falta de contato visual: nervosismo ou culpa.

Coçar a cabeça: indecisão.

Inclinar a cabeça para o lado: atenção e interesse.

Espelho: uma pessoa que acompanha e reproduz as posturas e gestos da outra demonstra interesse.

Balanço: balançar o corpo para a frente e para trás é uma forma de aliviar a ansiedade.

Movimentação constante: inquietude, agitação, desconforto e até mesmo irritação.

Braços às costas: segurança.

Mãos apertadas: tensão, necessidade de apoio.

Mãos em triângulo: quando as mãos se colocam diante do corpo, com dedos unidos formando um triângulo, a pessoa está sentindo-se segura no que diz.

Mãos no bolso: podem indicar insegurança, a pessoa não sabe onde pôr as mãos.

Polegares no bolso: quando só os polegares estão no bolso e os demais dedos apontam para os genitais, você está diante de uma atitude erotizada.

Mão ou objeto na boca: a pessoa está buscando conforto, como o seio materno.

Pernas cruzadas com um joelho sobre o outro: autoconfiança.

Perna sobre o joelho: defesa.

Uma perna sobre a outra: informalidade e descontração.

Pernas cruzadas e estendidas: necessidade de dominação.

Pernas unidas: autoconfiança e abertura para o outro.

Pernas afastadas: segurança e sinceridade.

Pernas voltadas para trás: se a pessoa está sentada e inclinada à frente, mantendo as pernas voltadas para trás, normalmente está pouco à vontade e quer sair de onde está.

Pés enroscados: enroscar um pé na perna oposta é sinal de tensão e inquietação. Há algo errado com a pessoa.

Extremidades apoiadas: quando o calcanhar, a ponta ou a lateral do pé está apoiada, significa que a pessoa não está à vontade e dificilmente será sincera.

Sola inteira no chão: a pessoa é honesta e equilibrada, confiável.

Tornozelos travados: colocar um tornozelo sobre o outro é típico de quem está tenso ou tem algo a esconder.

Aperto de mão

Firme e calmo: segurança, abertura, personalidade marcante.

Fraco: medo, fragilidade e falta de confiança.

Forte: necessidade de dominar o outro.

Muito forte: agressividade.

Palmas para baixo: dominação.

Sinais da fala

O modo como uma pessoa fala revela muito a respeito de sua personalidade. A seguir estão as principais características a serem observadas.

Falastrão: faz comentários desagradáveis, achando graça neles. Na maioria das vezes não prejudica ninguém, mas incomoda e aborrece.

Brigão: gosta de discutir e sempre quer ter razão.

Fofoqueiro: vive falando dos outros ou criticando alguém. É encrenca na certa.

Narcisista: está sempre falando de si e tentando ser o centro das atenções. Não presta atenção no que você diz e costuma falar demais sobre si mesmo.

Invasivo: faz perguntas indiscretas sobre a vida pessoal do interlocutor e evita falar de si.

Provocador: vive provocando e fazendo interpretações maliciosas do que o interlocutor disse.

Dissimulado: costuma fazer "rodeios" durante a conversa, gosta de "enrolar", ao invés de ir direto ao ponto.

Esperto: gosta de parecer esperto e gabar-se por tirar vantagem, levar a melhor ou até mesmo enganar as pessoas.

Confidente: conta quase tudo no primeiro encontro, incluindo detalhes de sua intimidade, sendo geralmente inofensivo, a menos que faça isso para ganhar a confiança e obter segredos alheios.

Irônico: dá respostas agressivas ou irônicas, usando de meias palavras e expressões de duplo sentido.

Vítima: sempre reclama das coisas, sempre pondo a culpa nos outros, sem enxergar os próprios erros ou assumir a responsabilidade por seus atos.

Debatedor: gosta de assuntos polêmicos ou irritantes e sempre vê o lado ruim de tudo. Quando vê alguém animado com algum plano ou situação, tenta dissuadir mostrando o lado negativo.

Falar alto: pessoa que procura chamar a atenção, geralmente imatura e insegura ou que guarda raiva ou ressentimento.

Falar muito alto*:* as pessoas que falam quase gritando são controladoras e autoritárias, com nervos à flor da pele e provocadoras.

Fala muito aguda: revela nervosismo, agitação, imaturidade e comportamento impulsivo.

Fala muito baixa: se forçada, indica insegurança e dissimulação.

Fala muito mansa*:* tristeza, raiva escondida; a pessoa pode se achar desinteressante, pouco importante ou impotente.

Fala controlada: a pessoa procura controlar o tom de voz para não parecer arrogante ou pretensiosa, o que, na verdade, quase sempre é.

Fala trêmula: revela instabilidade emocional, medo, nervosismo; geralmente a pessoa precisa da aprovação dos outros para se sentir bem.

Fala infantil: pessoa adulta com voz infantil revela imaturidade e necessidade de proteção.

Fala sensual ou "melosa": quando forçada, indica vontade de seduzir ou manipular.

Fala arrogante: característica de quem deseja estar acima dos demais.

Fala monótona: demonstra desinteresse pela vida e distância dos próprios sentimentos.

Fala chorona: a pessoa que fala "choramingando" geralmente guarda alguma insatisfação e busca atenção.

Espaços e movimentos

A forma como a pessoa ocupa o espaço também diz muito sobre ela e seu estado mental.

Inclinação*:* uma inclinação lateral indica amizade sincera; inclinação frontal é sinal de grande interesse, e inclinação para trás indica mínimo ou nenhum interesse.

Proximidade: quando uma pessoa está próxima de outra significa que está interessada, mas, se há uma ocupação "forçada" do espaço, pode estar querendo realmente dominar o outro.

Distância: sinal de desinteresse.

Olhos

A primeira coisa sobre os olhos é saber identificar as pistas oculares, pelas quais podemos saber se um indivíduo está utilizando um canal visual, auditivo ou cinestésico para se comunicar. Se o indivíduo olha para cima, seu canal é visual, ou seja, está pensando por meio de imagens. Se a pessoa olha para o lado, seu canal é auditivo e ele tem algum som em mente. Finalmente, se olha para baixo, seu canal é cinestésico e seu cérebro está processando algum tipo de sensação tátil, olfativa ou gustativa. Por outro lado, se a pessoa olhar para a direita, está construindo uma informação; se olha para a esquerda, está recordando de algo.

Com essas informações, podemos conhecer aspectos do seu pensamento. Por exemplo, se uma pessoa olha para baixo, à esquerda, está pensando em um momento agradável ou desagradável (canal cinestésico). Se um indivíduo olha para cima, à direita, está construindo uma imagem, ou seja, o que está dizendo não é uma recordação, e sim uma construção. Pode estar mentindo, portanto.

V^C = Visual criado

V^R = Visual recordado

A^C = Auditivo criado

A^R = Auditivo recordado

A = Auditivo com diálogo interno

C = Cinestésico

Preste atenção em outros sinais oculares:

Alegria: quando alguém está alegre, o olhar brilha e as pálpebras estão relaxadas.

Dúvida: olhos estreitados, acompanhados de uma sobrancelha levantada e testa franzida.

Irritação ou raiva: os olhos se estreitam e se fixam. Sobrancelhas unidas e testa franzida.

Medo: olhos arregalados e sobrancelhas erguidas.

Nervosismo: a pessoa pisca demais, olha para um lado e para outro, sem sossego, e não consegue concentrar o olhar e a atenção no interlocutor.

Segurança: olhar tranquilo e simpático, que se fixa no interlocutor de maneira suave e natural.

Susto ou surpresa: olhos arregalados e sobrancelhas erguidas.

Timidez: olhar enviesado, que evita direcionar-se diretamente para os olhos do interlocutor.

Interesse: pupilas se dilatam, e olhos se tornam expressivos, enquanto as sobrancelhas se erguem por um momento e voltam ao normal.

Vergonha: quando alguém olha para baixo, sem levantar a vista nem mesmo quando lhe dirigem a palavra, está profundamente envergonhada ou completamente deslocada no ambiente em que se encontra.

Interesse: as pupilas se dilatam, as sobrancelhas erguem-se por um momento e voltam ao normal, enquanto os olhos parecem sorrir.

Detectar mentiras

Por incrível que pareça, estudos revelam que a mentira é mais comum do que se imagina: uma pessoa normal costuma mentir, em média, cerca de dez vezes por dia. O ato de mentir pode ser uma inocente exigência da interação social, do tipo "sim, esse vestido ficou muito bem na senhora", ou algo pernicioso, como "eu estava em minha casa na hora do crime". Por isso, saber detectar a mentira é uma das grandes habilidades que podemos adquirir.

Antes de tudo, é preciso criar as condições para que os sinais da mentira se manifestem, estabelecendo *rapport* adequado. Além disso, procure fazer a pessoa sentir-se à vontade para falar, conquistando sua confiança. Ofereça ajuda. Elogie alguma atitude ou característica, suas roupas ou algum acessório. Procure pontos de interesse comum e faça perguntas sobre a pessoa. Mude o assunto para algo que não tenha nada a ver com a mentira. Aguce sua observação e procure captar alguns dos sinais descritos a seguir.

Pistas oculares: são a primeira forma de detectar a mentira. Se estiver mentindo, a pessoa poderá olhar para cima, à direita, pois estará criando uma imagem mental. Se estivesse falando a verdade, olharia para cima à esquerda, pois estaria recordando a cena. Quando uma pessoa está mentindo, ela desvia o olhar, olha para baixo, mesmo que rapidamente. Cuidado! Ao invés de desviar os olhos, o mentiroso pode manter o olhar fixo, de forma estudada e controlada. Quando uma pessoa mente, fica excitada, e isso acelera os movimentos oculares, fazendo-a piscar com mais frequência.

Contração dos lábios*:* uma contração da área abaixo do nariz após uma declaração indica alta probabilidade de mentira.

Toques: tocar no rosto, cobrir a boca, roçar a orelha, o nariz ou o pescoço são sinais muito comuns de mentira.

Respiração e tom de pele*:* quando uma pessoa mente, sua ansiedade pode gerar alteração da pressão sanguínea, com mudança da pulsação, respiração e tonalidade da pele, que tende a ficar mais intensa, especialmente nas maçãs do rosto.

Cruzar os braços ou pernas: não é necessariamente sinal de mentira, mas, ao cruzar braços ou pernas, a pessoa busca conforto e proteção, o que pode indicar que esteja mentindo.

Generalizações: ao mentir, a pessoa faz generalizações, pois não consegue retratar detalhes.

Uma excelente técnica para detectar mentiras é mudar rapidamente a direção da conversa, comentando sobre futebol, perguntando as horas ou outro assunto qualquer. Um mentiroso irá relaxar e acompanhar a mudança de assunto, enquanto uma pessoa que fala a verdade ficará confusa com a súbita mudança e tenderá a voltar ao assunto interrompido.

Leitura fria

A "leitura fria" é uma técnica que utiliza observação e generalizações para descrever uma pessoa, sendo utilizada por falsos paranormais que simulam dons de vidência para explorar suas vítimas. O uso correto da técnica, porém, permite estabelecer *rapport* instantâneo com o interlocutor, o que facilita a obtenção dos sinais da leitura corporal, especialmente na detecção de mentiras.

Uma das ferramentas é a utilização de declarações genéricas, que se adaptam a qualquer pessoa, conhecidas como "Efeito Barnum". Experimente dizer a alguém o seguinte: "Eu percebo que você tem grande autocrítica e não se curva às opiniões de outra pessoa sem uma boa prova e sem refletir detidamente". Em 80% dos casos, seu interlocutor irá dizer que você está certo.

Outra ferramenta é o uso de declarações "sheehy", baseadas na obra *Passagens*, de Gail Sheehy (1976), que estabelece características pessoais para cada faixa etária.

FAIXA ETÁRIA	CARACTERÍSTICAS
10-18	As pessoas estão em busca de identidade. Época do primeiro emprego, do primeiro amor (e muitas vezes da primeira decepção amorosa) e da licença para dirigir. Algumas pessoas saem de casa.
18-início dos "20"	As pessoas nessa fase experimentam uma variedade de crenças, sistemas e ideologias. Elas não entendem isso, mas estão começando a descobrir quem realmente são e qual a sua identidade. Atrás de uma fachada de força, a falta de maturidade e experiência as atrai frequentemente para o lado oposto do que seus pais são, quando, na realidade, estão conscientes de que não são realmente capazes de cuidar de si mesmas sem auxílio. É um período marcado pelo desejo de independência e a necessidade de segurança.
20-30	Nessa fase, as pessoas começam a sentir necessidade de se desenvolver profissionalmente. Os impulsos são melhor controlados, e a maturidade começa a fincar raízes. As pessoas tendem a encontrar mentores, ler mais livros e buscar desenvolvimento pessoal e profissional. Podem casar e ter filhos.
30-35	Essa é uma fase em que as pessoas experimentam vitalidade. Não são ansiosas, mas estão prontas para mudança e crescimento. Frequentemente, experimentam um sentimento de tempo desperdiçado quase visceral. Podem mudar de carreira ou embarcar em novas aventuras por alguns anos.
35-40	As pessoas sentem-se mais focadas em suas carreiras. Sentem que o tempo está passando depressa e querem recuperar coisas que não fizeram.
40-45	Muitas pessoas separam-se. Essa é uma fase de mudanças, especialmente se metas e sonhos não foram atingidos. Mas é também uma época de maior estabilidade financeira e emocional, em que muitas mulheres atingem o auge de sua vida sexual. Há uma preocupação maior com a saúde e com a estética, podendo haver uma busca por academias e esportes radicais.
45-50	As pessoas começam a perceber que não são mais quem costumavam ser. Uma renovação de propostas começa a surgir, especialmente se tiveram que lidar com crises e desafios. Mas podem também experimentar certa estagnação se não conseguiram superar desafios anteriores. Começam a pensar em aposentadoria e podem desistir de sonhos que tinham quando eram jovens.
50 e seguintes	As pessoas tendem a se aposentar. Experimentam emoções que nunca tiveram e podem se tornar depressivas. Pode ser uma época difícil, mas se conseguem lidar com ela, alcançam um novo nível de felicidade e satisfação e tendem a ser indivíduos fortes, confiantes, comunicativos e seguros, que sabem o que querem.

Outro método muito utilizado é conhecido como **THE SCAM**, que aborda os principais interesses das pessoas. Trata-se de um acrônimo em que cada letra corresponde a uma palavra da língua inglesa e nos mostra que as pessoas de um modo geral estarão interessadas num desses assuntos, com maior ou menor intensidade, dependendo da situação. Com observação e linguagem adequada, não é difícil perceber que interesse está movendo a pessoa em cada situação.

T – *traveling* (viagens)
H – *health* (saúde e bem-estar, cuidados com o corpo e a aparência)
E – *education* (cursos, conhecimento)
S – *sex* (sexo, amor e relacionamentos)
C – *career* (carreira e realização profissional)
A – *ambitions* (ambições)
M – *money* (dinheiro e bens materiais)

Todas essas informações vão ajudar você a entender melhor as pessoas.

Leitura quente

Essa técnica utiliza a observação e fatos conhecidos e disponíveis de uma pessoa, como informações de redes sociais, conhecidos em comum etc. Hoje as pessoas colocam boa parte de seu estilo de vida, hábitos, relacionamentos, viagens e preferências no Facebook.

Com uma observação adequada, é possível saber se uma pessoa é fumante, se pratica esportes, se mantém um relacionamento, se rói unhas, se usa roupas e acessórios caros etc.

"Fishing"

Fishing, em inglês, significa "pescaria". Trata-se de obter informações do interlocutor de forma imperceptível, com perguntas aparentemente inofensivas, que dissimulam a verdadeira intenção. Por exemplo, perguntar qual o carro de uma pessoa, numa conversa sobre o preço dos combustíveis, pode revelar informações sobre sua condição social.

A técnica também se baseia nas reações de uma pessoa a respeito de determinadas afirmações. Reações positivas indicam que estamos no caminho certo, e reações negativas indicam o contrário. No Brasil, o "*fishing*" é mais conhecido como "jogar verde" (para colher maduro).

RESUMO

1. A leitura da mente é uma capacidade natural dos seres humanos.
2. É possível saber o que as pessoas estão pensando ao interpretar suas posturas, gestos, expressões e microexpressões.
3. Aprenda a observar as pessoas para saber o que estão pensando e quando estão mentindo.
4. Utilize a leitura da mente para estabelecer uma comunicação eficaz com as pessoas.
5. Utilize as técnicas de leitura fria, leitura quente e "*fishing*" para se comunicar melhor.

SEGREDO Nº 7

O PODER DA HIPNOSE

"Sempre que houver conflito entre a imaginação e a vontade, a imaginação vencerá sem exceção."
– Émile Coué, psicólogo

Antes de qualquer coisa, quero que você faça o seguinte exercício: tome duas canetas e segure uma em cada mão, entre os dedos polegar e indicador. Junte as canetas, uma contra a outra, e separe em seguida. Fácil não? Agora, volte a juntar as canetas, pressionando uma contra a outra. Olhe fixamente para as canetas e imagine que há uma força magnética entre elas. Conte até 20 lentamente, imaginando que as duas canetas são ímãs que se atraem mutuamente com grande força. Imagine realmente a força magnética das canetas, como se fossem ímãs. Depois de contar até 20, lentamente comece a separar uma caneta da outra. Se você fez o exercício corretamente, sentirá uma estranha atração magnética entre as canetas, como se agora fosse mais difícil separá-las. Nesse caso, você acaba de experimentar um fenômeno hipnótico!

Outro exercício consiste em pegar uma caneta apenas. Segure-a firme entre os dedos polegar, indicador e anular de sua mão dominante. Usando a imaginação, sem questionar, imagine e sinta que você coloca uma cola de secagem rápida em sua caneta e dedos. Sinta, veja e imagine que a cola começa a fazer efeito. Sinta a textura, a viscosidade, o cheiro e o efeito da cola. Diga para si mesmo: "Vou contar até 20, e a cada número de minha contagem meus dedos ficam mais colados, tão grudados que não consigo soltar a caneta. Quanto mais eu tentar descolar, mais colados meus dedos ficarão na caneta". Se ao final da contagem os dedos estiverem grudados ou for mais difícil de soltar a caneta, você terá sentido o fenômeno hipnótico novamente. Para soltar a caneta, pense: "Vou contar de 10 até 1 e a caneta irá se soltar". Conte regressivamente, pensando que a caneta está se soltando em cada número, até chegar em 1 e soltar a caneta.

É muito difícil definir a hipnose. Uma das definições que mais aprecio é que hipnose é uma forma de ultrapassar o fator crítico da mente, para que esta possa aceitar facilmente as ideias que lhe são sugeridas.

A palavra hipnose deriva de Hipnos, deus do sono da mitologia grega. Essa associação se deve ao fato de que, em hipnose profunda, a pessoa fica letárgica e imóvel, como se estivesse dormindo. Em suas origens, a hipnose foi utilizada em rituais mágicos, o que foi reforçado pelo trabalho de Franz Mesmer, médico alemão que considerou a hipnose uma espécie de "magnetismo animal" em meados de 1700.

Todavia, quando hipnotizada, a pessoa não está verdadeiramente dormindo, mas num estado alterado de consciência chamado de transe. Há muitos tipos de transe, e o transe hipnótico é apenas um deles. Estudos científicos demonstram que uma pessoa entra em transe espontaneamente várias vezes ao dia, pois o transe é um estado natural da mente e nele nada há de misterioso. A pessoa entra em transe, por exemplo, quando "desliga" e divaga, quando dirige um carro sem pensar no trajeto, quando assiste a um programa de televisão e esquece o mundo à sua volta etc.

A hipnose está assentada em três pilares: fé, expectativa e imaginação. A pessoa com fé acredita na hipnose e, portanto, está disposta a sentir o fenômeno. Por outro lado, se a pessoa tem expectativa de ser hipnotizada, isso tende a se confirmar. Finalmente, graças à imaginação, a pessoa consegue imaginar as sugestões e aprofundar o transe.

No transe há uma redução da frequência cerebral, que passa do estado beta para o estado alfa. O quadro a seguir exibe um panorama das ondas cerebrais.

ONDAS	FREQUÊNCIA	CARACTERÍSTICAS
Beta	14Hz	Estado de vigília, o indivíduo está desperto, excitado.
Alfa	8–13Hz	Estado de transe leve, o indivíduo está desperto e relaxado.
Teta	4–7 Hz	Estado de transe médio ou profundo, ou de sono leve, letargia.
Delta	0,5–3Hz	Estado de sono profundo, o indivíduo está inconsciente.

A redução da frequência cerebral também ocorre em outras situações, como no relaxamento, na meditação e no sono. Por isso se diz que o cérebro está familiarizado com o transe.

No transe hipnótico, o indivíduo não perde a consciência e tampouco o autocontrole. O comando "durma" é utilizado na hipnose porque o cérebro associa o ato de dormir à alteração de consciência, ou seja, o cérebro compreende melhor a ideia de dormir do que a de entrar em transe. Caso o indivíduo adormeça, deixará de estar em transe para entrar em sono induzido.

A hipnose faz parte da natureza humana e foi uma das primeiras formas de cura, sendo considerada hoje uma importante ferramenta terapêutica. A propósito, deve ser dito logo de início que a hipnose é uma ferramenta complementar e não exclui o auxílio de médicos e psicólogos.

As aplicações da hipnose são inúmeras: fortalecimento emocional, aprovação em provas e concursos, auxiliar no tratamento de fobias, emagrecimento, tabagismo e outras dependências, dores, psicoterapia, medicina, cirurgias (para anestesia e analgesia) etc.

Derrubando mitos

☒ **Mito:** "Tenho medo de ficar sob o poder de outra pessoa".

☑ **Verdade:** a pessoa hipnotizada não perde o autocontrole, apenas se torna mais suscetível a sugestões, que poderá aceitar ou não.

☒ **Mito:** "Tenho medo de ser levado a praticar coisas ruins".

☑ **Verdade:** a pessoa hipnotizada não pratica nada que não queira ou que não realizaria fora do transe.

☒ **Mito:** "Tenho medo de perder a consciência e não saber o que fazem comigo".

☑ **Verdade:** a pessoa hipnotizada não perde a consciência.

☒ **Mito:** "Tenho medo de ser hipnotizado e não acordar".

☑ **Verdade:** é impossível não acordar; caso a pessoa adormeça em razão do relaxamento, o transe se transforma em sono. Basta acordar a pessoa ou deixar que ela durma e acorde normalmente.

☒ **Mito:** "Apenas tolos e fracos podem ser hipnotizados".

☑ **Verdade**: a hipnose só ocorre em pessoas inteligentes e com capacidade de concentração e imaginação, o que não é sinal de fraqueza.

☒ **Mito:** "Tenho medo de revelar coisas".

☑ **Verdade:** ninguém revela segredos sob hipnose, a menos que queira fazer isso.

Formas de hipnose

Hipnose espontânea: é a alteração de consciência que ocorre espontaneamente, como um fenômeno natural da mente em determinadas situações, como assitir a um filme, por exemplo.

Hipnose induzida: é a alteração de consciência que decorre do emprego de técnicas de indução hipnótica. Há dois tipos de indução: clássica, em que o paciente recebe instruções específicas para entrar em transe; e indução naturalista ou ericksoniana, baseada na experiência de Milton Erickson para induzir o transe de acordo com as peculiaridades de cada paciente, aproveitando sua própria condição situacional.

Hipnose clínica*:* utilizada para fins terapêuticos.

Hipnose de palco: utilizada para entretenimento.

Hipnose conversacional: utilizada na linguagem cotidiana, sem que haja uma indução formal, em oposição à hipnose clássica, que é feita por meio de uma indução hipnótica tradicional. É também conhecida como "hipnose encoberta".

Auto-hipnose: é a verdadeira hipnose, em que o próprio sujeito se coloca em transe, podendo acontecer de forma natural ou induzida por técnicas de auto-hipnose.

Sugestões

Sugestões são comandos dados à pessoa hipnotizada, os quais são aceitos com maior facilidade. Podem ser dados para fins terapêuticos ou recreacionais. Consideram-se sugestões pós-hipnóticas as que deverão funcionar após a saída do estado de transe. Um exemplo de sugestão pós-hipnótica é: "Ao despertar, você se sentirá muito mais confiante e tranquilo". Outro exemplo é dizer ao sujeito hipnotizado: "Sempre que você enxergar um prato, sentirá uma sensação de saciedade".

As sugestões são aceitas pelo indivíduo porque a hipnose proporciona uma comunicação direta com o inconsciente, onde as barreiras da vergonha e das crenças limitadoras não operam. Graças à hipnose, o fator crítico da mente é relaxado, aceitando as ideias sugeridas sem maiores questionamentos. Assim, a sugestão será seguida, por mais absurda e difícil que pareça, a menos que esbarre em padrões comportamentais não aceitos pela pessoa hipnotizada, pois esta não perde o controle e o juízo sobre suas ações.

As sugestões devem ser dadas de forma positiva. Não diga, por exemplo: "De hoje em diante você NÃO terá vontade de fumar"; diga: "De hoje em diante o cigarro lhe provocará nojo e você desprezará o cigarro, sentindo-se melhor".

Ab-reações e outros cuidados

Durante a hipnose pode ocorrer uma ab-reação, que é uma reação indesejada e intensa. É um problema raro, mas quando ocorre deve ser imediatamente solucionado. Há basicamente quatro tipos de ab-reações: reação emocional (quando uma emoção predomina durante o processo), emoção reprimida (quando a pessoa começa a chorar sem razão aparente), reação negativa (quando a pessoa chora, grita ou fica histérica depois de uma sugestão relacionada a um evento traumático), eventos traumáticos artificiais (quando uma sugestão gera uma sensação de trauma, como a ideia de ser perseguido por um animal selvagem ou outra semelhante).

Caso ocorra uma ab-reação, a única coisa a ser feita é dizer o seguinte: "Esta cena desaparece totalmente e você se concentra apenas na sua respiração". Jamais, em hipótese alguma, toque a pessoa durante uma ab-reação.

Para evitar situações indesejadas, você deve adotar alguns cuidados especiais. Pergunte à pessoa se sofre de alguma enfermidade ou se está sob influência de alguma droga. Pergunte se tem diabetes, hipertensão ou algum problema cardíaco, para evitar sugestão de sabores ou de situações estressantes. Pergunte se tem algum problema físico ou dor específica. Escolha pessoas de menor estatura e verifique se não usam óculos ou lentes de contato que possam cair e observe se ao redor não há objetos que possam causar algum dano.

Etapas da hipnose clássica

1. ***Rapport e pre-talk:*** a hipnose depende de um bom *rapport*, que se estabelece demonstrando segurança, seriedade e simpatia,

além de uma fala inicial (*pre-talk*) tranquilizadora, destinada a desfazer os medos e mitos acerca da hipnose. Já falamos sobre o *rapport* ao tratar da comunicação. Um *pre-talk* rápido seria mais ou menos assim: "As pessoas que não sabem o que é hipnose pensam que é algo sobrenatural, que não vão acordar ou vão fazer coisas que não querem. A hipnose é tão natural quanto dormir, mas não é sono. É apenas um estado de concentração e relaxamento, em que não se perde a consciência nem o controle e não se faz absolutamente nada que não se queira fazer".

2. **Testes de sugestionabilidade:** servem para selecionar pessoas para uma demonstração de hipnose, escolhendo-se apenas as que demonstrarem mais engajamento com as sugestões. Se a hipnose não for para fins performáticos, os testes servirão para condicionar a pessoa, a fim de que ela tenha maior confiança na indução e assim se torne mais suscetível às sugestões. Em algumas situações, gosto de chamar os testes de exercícios, para não gerar a ideia de desafio. Podem ser utilizados os seguintes testes conjuntamente, um após o outro:
   - <u>Teste do limão:</u> "Feche(m) os olhos. Pense(m) num limão. Sinta(m) o limão nas mãos, sua textura e consistência. Agora corte(m) o limão. Sinta(m) o cheiro do limão. Agora, esprema(m) o limão na boca. Sinta(m) a salivação".
   - <u>Dedos magnéticos:</u> "Junte(m) as mãos e entrelace(m) os dedos, como se fosse(m) fazer uma oração. Erga(m) os indicadores, deixando-os retos e afastados. Agora, imagine(m) que há um ímã na ponta dos indicadores e que estes vão se atraindo até se juntarem. Sinta(m) a força do ímã atraindo e deixe(m) acontecer".
   - <u>Balde e balão:</u> "Feche(m) os olhos. Estenda(m) os braços à frente. Agora, imagine(m) o seguinte. No braço direito há um balão

de hélio. No braço esquerdo há um balde. Agora, vou começar a colocar areia no balde, e este vai ficar pesado. Cada vez mais pesado. E também vou colocar mais balões no seu braço direito, e os balões vão se levantando cada vez mais, cada vez mais para cima". Com isso você pode saber quais pessoas reagirão melhor à hipnose, pois essas terão um braço para cima e outro para baixo e irão se surpreender quando abrirem os olhos. São as mais indicadas para a sessão de hipnose.

- Mãos magnéticas: "Feche(m) os olhos. Estenda(m) os braços diante do corpo, na altura do rosto, deixando as palmas frente a frente, separadas por 50 cm. Imagine(m) um ímã poderoso na palma de cada uma das mãos. Deixe(m) esse ímã poderoso atrair as mãos até que elas se toquem. Imagine(m) o ímã, sinta(m) sua força atrativa. Deixe as mãos se tocarem". Aqueles cujas mãos se tocarem são os mais indicados para a hipnose.

3. **Indução:** é o momento de aplicar técnicas para levar o sujeito ao transe hipnótico. Há muitas técnicas, desde as mais rápidas e de choque até as mais demoradas. Em algumas situações, o próprio teste pode funcionar como indução, bastando que seja seguido da palavra "durma". A seguir darei instruções sobre indução.
4. **Aprofundamento:** após a indução, o transe deve ser levado a estágios mais profundos. Uma das formas mais efetivas é o método da escada. "Imagine, agora, que você vai descer uma escada. A cada degrau, essa sensação de relaxamento torna-se mais forte, e você relaxa mais profundamente. Essa escada tem dez degraus, então vamos contar até dez, enquanto você relaxa profundamente. Um, mais profundo. Dois, mais profundo. Três, quatro, mais e mais profundo. Cinco, mais profundo. Seis, mais e mais. Sete, profundamente. Oito, mais profundo. Nove, profundamente. Dez, muito profundamente." Quanto

mais profundo for o transe hipnótico, maior será a eficácia da sugestão. Basicamente, há três profundidades de transe: leve, médio e profundo.

5. **Sugestão principal:** “A partir de agora, concentre-se apenas nas minhas palavras. Tudo o que eu disser a partir deste momento será sua verdade e sua realidade, pois sua imaginação é muito poderosa e será capaz de transformar tudo o que eu disser em verdade e realidade. Não importa quão absurdo ou insólito possa parecer, será a sua verdade e a sua realidade, porque a sua imaginação é muito poderosa”.
6. **Fracionamento:** consiste em despertar o sujeito e logo “adormecê-lo novamente”, como forma de intensificar o transe. “Agora eu irei contar até três, e você abrirá os olhos, mas, quando eu disser *durma,* você voltará novamente a este estado de relaxamento. 1, 2, 3, abra os olhos. Respire fundo, sentindo-se muito bem. Durma.” Esse processo pode ser repetido durante a sessão para aprofundar o transe.
7. **Sugestões:** esse é o momento de dar sugestões relacionadas à solução do problema que gerou a intervenção hipnótica. Nem sempre será o caso de curar o problema, mas de gerar sensações capazes de neutralizá-lo. Para alguém que tem medo de lugares fechados, por exemplo, você pode dizer que sempre que estiver num lugar fechado irá fechar os olhos e sentir uma refrescante brisa do mar. Lembre-se de que a hipnose não é por si só uma terapia, mas uma ferramenta de auxílio psicológico apenas. Nesse momento, se o objetivo for um show de hipnose, podem ser criadas situações divertidas, engraçadas e até estranhas, como esquecer o nome, esquecer o número 4, apresentar-se como uma pessoa famosa, enxergar as pessoas nuas no auditório, catalepsia etc.

8. **Despertar:** a melhor forma de despertar uma pessoa é pela contagem. "Agora, estamos encerrando este trabalho, no qual você demonstrou grande capacidade. Vou contar até dez, e você vai abrir os olhos, sentindo-se completamente desperto, e não estará mais hipnotizado, mantendo apenas uma sensação de extremo bem-estar e tranquilidade. Um, saindo do transe, dois, três, mais desperto, quatro, cinco, mais desperto, seis, sete, mais desperto, sentindo-se extremamente bem, nove, abrindo os olhos, dez."

A hipnose clássica deve ser feita com segurança e voz firme, levemente autoritária. Durante o processo pode ser utilizada música de fundo. Não esqueça de retirar as sugestões dadas ao sujeito durante o transe e procure, durante todo o processo, elogiar suas atitudes e a realização das sugestões com palavras do tipo: "Muito bem, você tem uma excelente imaginação".

Exemplo de indução hipnótica

Comece com um bom *rapport* e um *pre-talk* destinados a tranquilizar a pessoa, dizendo-lhe que você usará a palavra "durma" para que a mente entenda como um relaxamento profundo, mas que ela estará consciente o tempo todo e, se seguir as instruções, poderá se beneficiar intensamente da experiência, que ela mesma poderá encerrar quando quiser.

Aplique os testes de sugestionabilidade.

Nesse momento, você vai condicionar a pessoa a receber sugestões, dando-lhe algumas ordens simples que ela não tem como recusar.

- "Sente-se."
- "Coloque os pés bem apoiados no chão e as mãos no colo."
- "Encoste bem suas costas no encosto."
- "Feche os olhos".

- "Respire lentamente pelo nariz, conte até 5 e solte rapidamente pela boca três vezes".
- "A cada respiração você ficará mais relaxado."

Comece a tocar o braço da pessoa e diga que a cada toque ela se sentirá mais relaxada. Depois de algum tempo, diga-lhe para sentir o relaxamento ao redor dos olhos. Peça para abrir e fechar os olhos, sentindo-se duas vezes mais relaxada a cada vez que faz isso. Depois, diga para manter os olhos fechados e relaxar mais e mais, espalhando essa sensação para cada parte do corpo, sentindo o corpo inteiro relaxado. Peça-lhe que, mentalmente, acompanhe uma contagem regressiva de 100 até 1. Antes de chegar a 80, a pessoa estará em transe.

Faça o aprofundamento e mantenha o transe com sugestões constantes do tipo: "Você se sente bem e relaxado".

Hipnose rápida

A indução rápida é indicada em qualquer situação em que não haja muito tempo para hipnotizar, como ocorre em *street hypnosis*, ou quando a pessoa já passou por outras induções e está mais suscetível a receber a indução.

Faça um *rapport* e um *pre-talk* rápidos para tranquilizar a pessoa. Use o teste dos dedos magnéticos. Depois, use o teste das mãos magnéticas e, quando a pessoa tocar uma mão na outra, diga "durma", segurando as mãos dela e colocando sua mão sobre os olhos dela e baixando sua cabeça contra o peito. Se a pessoa estiver em pé, sustente-a e diga-lhe para ficar com as pernas firmes, pois apenas sua mente deve relaxar.

"Durma profundamente, relaxe, sinta a agradável sensação de relaxamento. Contarei até 10 e a cada número você relaxará mais profundamente, mais profundo, mais profundo: 1, durma profundamente, 2, mais profundo, 3, mais profundo, 4, relaxamento agradável e profundo, 5, sensação agradável,

6, durma profundamente, 7, mais profundo, 8, mais profundo, 9, durma, 10, durma profundamente."

Siga normalmente com as demais etapas da hipnose clássica.

Hipnose ericksoniana

Milton Hyland Erickson (1901-1980), médico, psiquiatra e psicólogo norte-americano nascido na cidade de Aurum, Nevada, em 5 de dezembro de 1901, é considerado a maior autoridade de todos os tempos em hipnose aplicada à psicoterapia. Seus métodos foram modelados por Richard Bandler e John Grinder a fim de criar as primeiras técnicas de PNL.

Nessa forma de hipnose o foco é o próprio paciente, suas características e peculiaridades. Utiliza-se o modelo de "metalinguagem". Não há necessidade de utilizar os testes, embora esses predisponham a mente à indução. De acordo com Jeffrey K. Zeig, a indução de um transe pode ser dividida em quatro fases:

1. **Absorção (1ª fase):** destinada a focalizar a atenção. Pode ser feita de várias maneiras, com o auxílio de diversas técnicas, especialmente as seguintes, que podem ser utilizadas em conjunto:

Truísmos: são verdades incontestáveis que ajudam a absorver a atenção. "Você pode ir ouvindo os barulhos da rua." "Você pode sentir o sofá em que está sentado." "Você pode perceber a tensão do seu corpo."

Yes set: conjunto de "sim". "Você pode perceber seu corpo confortavelmente recostado no sofá." "Você pode perceber seus pés apoiados no chão." "Você pode perceber sua cabeça apoiada." Por um tipo de "inércia mental", o paciente continuará dizendo sim para suas palavras.

No set: é um conjunto de "não". "Eu não sei o que você está sentindo agora. Eu não sei o que você está ouvindo. Talvez o som dos pássaros. Eu também não sei o que você está pensando agora. Mas o que eu sei é que você pode sentir, ouvir e pensar em alguma coisa que lhe faça muito bem agora."

Comando embutido: "Eu estou me perguntando se, ao respirar profundamente, você não vai sentir como é gostoso ter um fôlego novo que abre o peito. Enquanto você vai soltando seu corpo no sofá, vai permitindo soltar sua mente calmamente".

Causalidade implícita: "Assim como você sente seu corpo solto no sofá, também pode soltar sua mente para relaxar. Enquanto respira profundamente, seu corpo fica mais relaxado".

Metáforas: histórias que absorvem a atenção do sujeito. "Você pode imaginar uma formiga andando solitária, carregando uma imensa folha sobre as costas e precisando descansar. Tudo que a formiga quer é um lugar para se sentir confortável e descansar, soltando seu corpo e sua imaginação".

Percepções: visual, auditiva, cinestésica, interna e externa. Exemplo: "Você pode fechar os olhos e escutar o barulho do vento, imaginando como seria sentir o vento em seu corpo. É uma brisa fina, que vai tocando seus cabelos...".

Detalhes: descrição detalhada de coisas. "Veja que moeda bonita. Ela é dourada. Perceba o brilho desta moeda que estou segurando. Você pode fechar os olhos e continuar vendo a moeda. Ela ainda é dourada e data de 2015. Tem uma borda saliente. De olhos fechados você vê a moeda e continua respirando profundamente."

Possibilidades: colocar em palavras várias possibilidades, mas em todas demonstrando a ideia do transe. Exemplo: "Talvez você possa entrar em transe sentindo seu corpo acomodado no sofá. Ou talvez possa ouvir os pássaros lá fora. Ou talvez sentindo sua respiração, enquanto encontra sua maneira de entrar em transe".

Associação – dissociação: falar coisas à mente consciente e inconsciente. "Sua mente consciente pode ouvir os pássaros e relaxar, enquanto sua mente inconsciente ouve o que está dentro de você, porque lá está sua sabedoria."

2. **Ratificação (2ª fase):** significa dar um feedback ao paciente do que se observa ao vê-lo entrar em transe, para saber que está indo bem. Exemplo: "Enquanto fui falando com você, sua respiração ficou mais profunda e houve pequenos movimentos de seus dedos".
3. **Eliciação (3ª fase):** é o momento de introduzir as mudanças por meio do metamodelo (diamante de Erickson), que se utiliza basicamente das ideias de "*tailoring*" e "embrulhar para presente". Pergunte-se sempre: "Como vou dar uma solução sob medida e embrulhada para presente?".

Tailoring: significa individualizar para cada pessoa, por meio de experiências pessoais desta, metáforas etc.

Embrulhar para presente: significa dar um presente dentro da técnica.

4. **Término e reorientação (4ª fase):** é o encerramento da sessão de hipnose, trazendo o paciente para a sua realidade.

Exemplo de hipnose ericksoniana

ABSORÇÃO

"Você pode fechar seus olhos... Você pode respirar profundamente... Você pode ir para dentro de si mesmo... Você pode explorar aí dentro... Aos poucos, você pode descobrir padrões de conforto... Eu não sei bem onde o conforto é mais interessante. Talvez você possa apreciar o conforto dos seus pés... Talvez você possa apreciar o conforto das suas pernas... Talvez você possa apreciar o bem-estar de alguma parte especial do seu corpo... Ou do seu corpo inteiro. E você pode não perceber todas as formas de conforto que podem ser desenvolvidas, mas a sua mente inconsciente pode ajudar você a apreciar as mudanças que vão ocorrendo..."

RATIFICAÇÃO

"Enquanto eu estive falando com você, seu ritmo respiratório mudou. Sua pulsação se alterou, e você ficou mais calmo. Seu reflexo de engolir mudou. Seus movimentos se alteraram, e seu corpo ficou mais relaxado..."

ELICIAÇÃO

"Agora você pode aproveitar essa sensação gostosa de conforto e se aprofundar no seu bem-estar... sentindo... percebendo... calmamente sensações e sentimentos que vão surgindo e podendo ser apreciados. Que coisa boa poder se sentir à vontade e tranquilo. Aproveite isso por alguns momentos. Enquanto isso, sua mente... (introduzir a sugestão 'embrulhada para presente)."

TÉRMINO E REORIENTAÇÃO

"Agora você pode respirar profundamente e ir se reorientando aqui para este tempo e lugar novamente. Bem alerta e desperto, desfrutando deste novo padrão de conforto e bem-estar, sentindo-se renovado e revigorado."

AUTO-HIPNOSE

Como a hipnose é um estado natural da mente, qualquer pessoa pode colocar-se em transe e obter benefícios para sua vida. Émile Coué propunha um interessante exercício que a pessoa deveria fazer diariamente ao acordar. Ele sugeria que a pessoa se posicionasse diante do espelho, olhando fixamente na imagem dos próprios olhos, dizendo para si mesma: "Todos os dias, sob todos os aspectos, estou cada vez melhor".

Émile Coué nasceu em Troyes, França, em 26 de fevereiro de 1857, e morreu em Nancy, em 2 de julho de 1926. Ele foi um famoso psicólogo e farmacêutico que introduziu um método de cura baseado na auto-hipnose.

A auto-hipnose pode gerar muitos benefícios, tais como ajudar a eliminar hábitos indesejados, parar de fumar, melhorar o desempenho profissional, esportivo, sexual etc., sempre tendo o cuidado de não dispensar a atenção médica, pois um problema aparentemente simples pode esconder uma doença mais grave.

É muito simples praticar a auto-hipnose. Comece sentando em um lugar confortável. Respire profundamente, retendo o ar por cinco segundos e soltando em seguida. Repita cinco vezes essa respiração. Faça mentalmente uma contagem regressiva, de 100 a 1. Logo você estará num agradável estado de dormência. É o transe. Nesse estado, imagine coisas positivas. Coisas que você deseja. Fale consigo mesmo coisas do tipo: "Eu vou passar na prova, pois tenho confiança e conhecimento".

Introduza uma sugestão pós-hipnótica do tipo: "Quando eu despertar, vou me sentir disposto e feliz".

Procure também introduzir um signo-sinal, como: "Sempre que eu fizer este gesto, vou entrar imediata e automaticamente neste estado de bem-estar, com minha mente ativa e capaz". Signo-sinal é uma palavra ou gesto que faz retornar a uma sugestão, mesmo após a sessão de hipnose.

Para despertar, faça o seguinte: "Vou contar de 1 a 5 enquanto vou despertando lentamente. Quando contar 5, vou despertar, sentindo-me disposto, capaz e feliz. Um, começo a despertar, 2, mais desperto, 3, mais desperto, 4, estou prestes a despertar sentindo-me disposto, capaz e feliz. 5". Abra os olhos e veja como se sente.

Atitude para hipnotizar

Um dos principais aspectos para fazer uma hipnose efetiva é a atitude. Primeiramente, seja confiante. Lembre-se de que um dos pilares da hipnose é a confiança; portanto, sua atitude deve demonstrar confiabilidade. Confie em si mesmo, e você hipnotizará com mais facilidade.

Na hipnose clássica, fale com firmeza, mas sem autoritarismo. Use a palavra "durma" com convicção, mas sem que pareça uma imposição militar.

Na hipnose ericksoniana, aja com naturalidade. Converse simplesmente, mantendo o foco da pessoa em suas palavras e atitudes, com tom de voz adequado, produzindo um diálogo interior e gerando aceitação.

Em qualquer caso, um bom *rapport* é fundamental para o êxito da hipnose.

Hipnotize seus filhos

Um dos grandes erros que os pais cometem é agir com autoritarismo quando desejam um determinado comportamento por parte dos filhos. A comunicação entre pais e filhos deve ser essencialmente emocional, geradora de bem-estar e não de conflitos que muitas vezes geram relações infelizes e frustrantes.

A melhor maneira de educar seus filhos é utilizando a hipnose. Vou dar um exemplo de como isso pode ser feito desde os primeiros anos de vida. Utilizei muito essa técnica, variando-a sempre que podia, para ajudar meu filho a vencer o medo de adormecer.

"Filho, quer ouvir uma história?" (As crianças adoram histórias, acredite, mais do que qualquer programa de TV ou jogo de computador.)

"Ok. Para ouvir essa história, preciso que você feche os olhos e respire assim como eu vou mostrar." (Demonstre a respiração correta.)

"Era uma vez um menino (ou uma menina) que adorava olhar as estrelas. Ele ficava horas e horas olhando para o céu. Um dia ele decidiu contar quantas estrelas havia no universo, então começou a contar: 1, 2, 3, 4... (conte até 20). De repente, uma estrela começou a brilhar muito e foi chegando perto. Mais perto. Mais perto. Quanto mais perto a estrela ia chegando, maior ela ia ficando. Mais perto, mais perto. Quando a estrela chegou bem perto, o menino percebeu que na verdade aquilo era uma nave espacial. A nave começou a atrair o menino e ele começou a flutuar... flutuar... flutuar... O menino sentiu uma sensação tão boa de estar voando que não resistiu... Ele sentiu-se leve, como era bom voar... Ele voou até dentro da nave e encontrou um menino igual a ele, exatamente igual, que começou a falar. 'Olá, eu moro num planeta distante igual à Terra. Nesse planeta, cada morador tem uma réplica na Terra, e eu sou a sua réplica. Eu sou muito estudioso, sabe. Só tiro notas boas. (Nesse momento, coloque as sugestões que você deseja dar, relacionadas a comportamento, coragem, atitudes vitoriosas etc.) Agora eu preciso ir. Eu só queria que você me conhecesse, porque tudo o que você fizer aqui, eu farei lá também. Por favor, não deixe nunca de olhar para o céu. O universo é realmente uma coisa maravilhosa. Adeus.'"

Esse é apenas um exemplo de como é possível, por meio da hipnose, ajudar seu filho a se tornar uma pessoa melhor.

Outra forma de indução é a "salsicha". Peça para seu filho ficar com os dedos indicadores esticados e encostar uma ponta na outra. Com os dedos assim, diga para ir aproximando-os aos poucos dos olhos até enxergar uma salsicha no meio dos dedos. Agora, diga-lhe para separar um pouco a ponta dos dedos e fazer a salsicha "levitar" entre eles. Diga-lhe para contar até dez enquanto olha para a salsicha. Agora diga-lhe para fechar os olhos e continuar contando. Comece a fazer ele pensar em vários formatos de salsicha, enquanto vai aprofundando o transe. Então coloque sua sugestão em uma frase. Depois, faça um despertar convencional.

Use essas técnicas para dar sugestões positivas aos seus filhos e veja como a comunicação e o relacionamento será muito mais saudável e produtivo.

Comunicação hipnótica em três etapas

A comunicação hipnótica, conhecida em inglês como *covert hypnosis* (hipnose encoberta), consiste na utilização de estratégias e padrões ericksonianos de linguagem para persuadir. É uma forma de comunicação utilizada para criar estados mentais receptivos, a fim de influenciar o interlocutor em conversas cotidianas. O uso desse modelo permite provocar um transe leve com o objetivo de comunicar mensagens subliminares, que são assimiladas em nível inconsciente, sem passar pelos filtros críticos da mente consciente. Por isso, essa técnica também é chamada de hipnose conversacional.

Antes de ingressar na parte técnica, é fundamental examinar a questão ética. Carl Jung assentou um postulado que se aplica a todas as profissões: "Domine todas as teorias e conheça todas as técnicas, mas ao tocar na alma humana seja apenas outra alma humana".

Algumas pessoas podem questionar o emprego da hipnose conversacional na comunicação. Mas a verdade é que os meios de comunicação fazem isso o tempo todo. A comunicação hipnótica destina-se a persuadir, e não há nada de errado nisso, pois a persuasão é a substituição da força pelo entendimento. Um de nossos traços civilizatórios é justamente a habilidade de usar a comunicação para atingir objetivos. A comunicação é muito mais inteligente do que o uso da força ou da autoridade e pode ser uma importante ferramenta de persuasão na vida social, profissional e familiar.

A utilização da técnica é relativamente simples e pode ser resumida em três etapas.

PRIMEIRA ETAPA: CONEXÃO

Consiste em obter a confiança do interlocutor, com o objetivo de reduzir os filtros da mente consciente. A forma mais simples de criar conexão é por meio de perguntas triviais, do tipo: "Onde você trabalha?", "onde você mora?", "o que você mais gosta de fazer?" etc.

Esse processo será mais efetivo se as perguntas de conexão estiverem associadas ao espelhamento corporal e linguístico, isto é, adoção de posturas corporais, gestos e padrões de fala semelhantes aos da pessoa que se quer hipnotizar.

SEGUNDA ETAPA: INDUÇÃO

Após realizar a conexão, inicia-se a indução do transe. A hipnose conversacional ocorre durante um transe leve, do tipo que a pessoa tem quando está lendo um livro ou fazendo um trajeto que conhece bem, no qual nem sequer precisa prestar atenção.

A forma mais simples de gerar esse estado mental é modificando o foco de atenção do sujeito de fora para dentro, levando a pessoa a internalizar seus pensamentos, o que é possível com o emprego de palavras, frases e expressões que geram internalização e diálogo interior, como as seguintes:

Uso de palavras introspectivas: "pense", "imagine", "lembre", "sinta" etc. Essas palavras geram introspeção e voltam a atenção do interlocutor para dentro. Exemplo: "Imagine como seria bom estar numa praia agora, apenas relaxando".

Uso de perguntas: estas fazem o interlocutor procurar respostas no seu interior. Exemplo: "O que você pensa da crise atual?".

Uso de linguagem metafórica: contar histórias, reais ou não, fazem o interlocutor pensar sobre elas, internalizando a atenção. Exemplo: "Isso me lembra aquela raposa que vivia dizendo que as uvas estavam verdes apenas por não poder alcançá-las".

Uso de linguagem vaga, confusa ou ambígua: a imprecisão da linguagem gera diálogo interior, quando o cérebro tenta organizar a informação recebida. Exemplo: "Quando a gente vai comprar um carro, encontra tantas marcas diferentes, modelos, potência, preços…".

TERCEIRA ETAPA: SUGESTÃO

Nelson Mandela disse que, se você falar com um homem na linguagem que ele compreende, aquilo entrará na cabeça dele, mas, se você falar com a linguagem dele próprio, atingirá seu coração. Essa frase brilhante serve para a terceira etapa da hipnose conversacional, que é a sugestão.

A sugestão ocorre por meio de comandos. Mas, se esses comandos forem evidentes, serão barrados pelo fator crítico da mente consciente. No entanto, se os comandos estiverem disfarçados, serão facilmente aceitos. A fórmula básica para disfarçar comandos é inseri-los em frases formadas a partir de pressuposições, isto é, verdades incontestáveis. Em termos gerais, portanto, a sugestão deve ter a seguinte estrutura:

Pressuposição + Comando

Exemplos:

- Com toda essa crise (pressuposição), será bom fecharmos esse negócio logo (comando).
- Com esse calor (pressuposição), seria bom sairmos para algum lugar mais agradável (comando).
- Você está estudando bastante (pressuposição). Obviamente, vai passar na prova (comando).

Outras formas de dar sugestões:

Uso de substantivos e verbos inespecíficos: "Todos sabem o quanto você é inteligente". (Quem exatamente sabe?)

Ocupação da mente consciente: "Pode ir à palestra? Apenas tome seu banho, coloque sua roupa, desça as escadas, tome o metrô linha 14 e desça na estação do Banco Central, atravessando a rua até o Centro de Eventos." (Ao invés de usar verbos e substantivos inespecíficos, seja específico ao extremo, dando instruções detalhadíssimas e passo a passo, o que deixará a outra pessoa tão ocupada que simplesmente seguirá as instruções.)

Uso de conexão linguística: "Enquanto você lê este livro, perceba o quanto seu aprendizado aumenta". "Quanto mais você resiste à tentação de comer, mais se sente magro e elegante." "Quanto mais você... mais você..." (Se a primeira parte da declaração é verdadeira, a segunda parte é aceita como verdade também.)

Uso de negações: "Você não deveria gostar tanto disso". (O cérebro recebe a negação como um comando positivo, pois não reconhece a experiência negativa.) Erickson costumava dizer: "Não quero que você entre em transe tão rápido", o que, evidentemente, era um comando para entrar em transe rapidamente.

Uso de histórias e metáforas: a linguagem metafórica serve tanto para a indução quanto para a sugestão. "Era uma vez um jovem que nunca tomava decisões sem ouvir a opinião de alguém mais experiente."

RESUMO

1. A hipnose é um estado natural da mente e nada tem de misterioso ou sobrenatural.

2. Use a hipnose e a auto-hipnose para produzir estados mentais poderosos e modificar hábitos e comportamentos indesejados.

3. Hipnotize seus filhos por meio de metáforas e histórias.

4. Ao invés de impor suas ideias, use a comunicação hipnótica para convencer as pessoas.

SEGREDO Nº 8

A MENTE SEDUTORA

"Aprender a flertar para atrair um parceiro e treinar o que fazer quando encontrar um potencial candidato é algo que precisa ser aperfeiçoado ao longo do tempo."
– Julie Holland, psiquiatra

Todos conhecem a história do patinho feio, criada pelo escritor dinamarquês Hans Christian Andersen e publicada primeiramente em 1843. Uma ave feia e desengonçada, criada numa família de patos, descobre ao final sua verdadeira natureza de cisne, tornando-se a mais bela ave entre os cisnes. Todos nós nos sentimos o patinho feio em algum momento de nossa vida. Mas a verdade é que todos nós temos uma beleza oculta pronta para se manifestar, encantar e atrair outras pessoas. É disso que este segredo trata. Este segredo é o mais difícil de ser ensinado. Não brinque com os sentimentos das outras pessoas. Seduzir deve ser uma atitude responsável, destinada a tornar você capaz de superar seus complexos e frustrações para ser alguém melhor e não para satisfazer seu ego ou a necessidade de autoafirmação.

Seduzir significa encantar pessoas, e todos nasceram para isso. Os segredos da sedução servem para fazer amigos, conquistar ou manter um amor, liderar, vender e influenciar pessoas. No fabuloso filme *Don Juan de Marco*, do diretor Jeremy Leven, o psiquiatra interpretado por Marlon Brando aprende com seu paciente, vivido por Johnny Depp, um sedutor louco e incorrigível, a praticar a arte da sedução com sua esposa e reacender a paixão num casamento de décadas.

A arte da conquista deve ser a arte dos relacionamentos felizes nos mais diversos campos da vida: afetivo, sexual, profissional e social. Não há nada de errado com a sedução. Ela é o resultado de nossos processos civilizatórios, na medida em que substitui a posse sexual forçada e a disputa violenta entre os machos. As capacidades da mente sedutora devem ser ensinadas e estimuladas, a fim de aprimorar nossas habilidades afetivas e sociais. Afinal, o seres humanos são gregários e precisam estar juntos. Por outro lado, a procriação é a forma de sobrevivência da nossa espécie.

A natureza da sedução

A sedução é uma habilidade natural da mente que pode ser estudada e aprimorada. A mente seduz porque é a forma segura de satisfazer suas necessidades, já que a outra possibilidade é usar a força, o que representa perigo. As mulheres são, desde criança, inconscientemente educadas para seduzir, enquanto os homens são educados para usar a força.

Mas precisamos entender que a sedução não se limita ao comportamento sexual. No mundo civilizado, as necessidades são atendidas mediante trocas, que implicam relacionamentos. Portanto, a sedução está em todos os relacionamentos, sejam eles sociais, profissionais, comerciais ou amorosos.

Você deseja comer em um restaurante porque foi seduzido pelo ambiente, pelo serviço, pelos aromas e sabores. Às vezes, um simples letreiro na fachada é suficiente, às vezes uma promoção, uma vitrine bem decorada ou um comercial. A sedução afeta os sentidos, mas atinge invariavelmente as emoções.

Atuei muitos anos no Tribunal do Júri e entendi perfeitamente que o promotor e o advogado buscam incessantemente seduzir os jurados com seus argumentos, seu renome e sua linguagem corporal. Por outro lado, aprendi a admirar a habilidade de meus opositores, tornando-me amigo de muitos deles, o que também é resultado da sedução em seu aspecto profissional e social.

Os seres humanos são seres sociais por natureza. Diz uma citação latina atribuída a Ulpiano que *ubi homo ibi societas* (onde está o homem, está a sociedade). Os seres humanos têm ligações emocionais e sociais que transcendem as palavras e se comunicam sem precisar de palavras. Estudos revelam que, aos seis meses, as crianças já fazem julgamentos pelo que observam do comportamento social. A existência dos grupos de apoio é o reflexo da necessidade humana de se associar com os outros. Alguns cientistas acreditam inclusive que a necessidade da interação social foi a força motriz por trás da evolução da inteligência superior.

Por isso, seduzir nada mais é do que abrir espaço à realização de uma necessidade natural da mente, que é a necessidade de estar com alguém.

A ciência da sedução

A sedução está relacionada a uma série de padrões inconscientes que nos acompanham desde nossas relações primitivas, quando ainda habitávamos savanas e cavernas. Existe um forte conteúdo instintivo por trás da atração entre as pessoas, o qual pode ser estudado e usado a favor da mente sedutora.

Os homens são seres visuais por natureza e decidem numa fração de segundos se uma mulher é atraente ou não. Estudos mostram que os homens se sentem mais atraídos por mulheres vestindo roupas vermelhas, pois entendem que elas estão mais receptivas ao sexo. Eles são atraídos por coisas como simetria facial, brilho da pele e proporção entre cintura e quadril, pois são características que ajudam a sinalizar que a mulher é capaz de gerar bebês.

As mulheres preferem atributos sociais e emocionais, sendo predominantemente auditivas, julgando os homens pelas características de sobrevivência e personalidade, avaliando o potencial de um homem para cuidar e proteger. As mulheres também são extremamente atraídas pelo cheiro. O olfato é o mais antigo dos sentidos do cérebro e processa as informações mais rapidamente que os outros sentidos. Graças ao estrogênio, as mulheres possuem o olfato mais apurado e mais espaço no cérebro para processamento dos odores, sendo que o estrogênio ajuda a mulher a identificar melhor o feromônio, que é o cheiro característico do parceiro em potencial.

O contato visual é uma forma poderosa de conexão para as mulheres, estimulando a intimidade e o desejo sexual. Desviar o olhar ou dar as costas pode acionar hormônios de estresse que dificultam a ação da oxitocina e das endorfinas.

Na sedução entram em jogo os sistemas simpático e parassimpático, assim como nosso sistema de recompensas. A testosterona promove a excitação, a dopamina nos impulsiona a ir em frente, e a oxitocina nos libera do medo de estranhos para que possa haver conexão e intimidade. O desejo como impulso biológico para a recompensa sexual tem mais a ver com a testosterona do que com a oxitocina. Há aumento de testosterona e estrogênio, que são hormônios sexuais, aumentando tanto o desejo quanto a receptividade. Homens e mulheres com altos níveis desses hormônios fazem sexo com mais frequência e têm mais disposição sexual. No início, há muita adrenalina envolvida, o que pode dificultar a ereção e o orgasmo feminino. As endorfinas ajudam na obtenção do prazer e ampliam o limiar da dor, o que justifica alguns fetiches, como o masoquismo.

Embora os processos químicos envolvidos na sedução estejam direcionados para a satisfação sexual, nossa evolução proporcionou que estejam presentes em qualquer tipo de comportamento sedutor. Sabe-se, por exemplo, que a aparência pessoal é essencial numa entrevista de emprego e nas vendas, a fim de "desarmar" o mecanismo de luta ou fuga e criar conexão.

O segredo mágico da sedução

Há um segredo mágico para seduzir: satisfazer necessidades. Lembre-se de que as pessoas são movidas pelo mecanismo de recompensa, buscando o prazer, apesar dos riscos, e fugindo do desprazer. Portanto, a satisfação está na essência da sedução. As pessoas se interessam pelo que satisfaz suas necessidades, sejam elas materiais, emocionais ou sexuais. Como em todo o reino animal, a energia dos seres humanos está a serviço da autopreservação. Portanto, qualquer pista de que algo pode satisfazer as necessidades humanas irá naturalmente despertar interesse. Então, no fim das contas, as pessoas se interessam por elas mesmas!

Segundo Phillip McGraw, "o medo número um de todas as pessoas é a rejeição; a necessidade número um de todas as pessoas é a aceitação" (*Estratégias de vida: fazendo o que importa, fazendo o que dá certo*).

No livro *Motivação e personalidade*, uma obra clássica da psicologia, Abraham Maslow estabeleceu uma hierarquia de necessidades humanas na famosa "Pirâmide de Maslow". Na base da pirâmide estão as necessidades fisiológicas (básicas), tais como fome, sede, sono, sexo, excreção, abrigo; a seguir, vêm as necessidades de segurança, que vão da simples necessidade de sentir-se seguro dentro de uma casa a formas mais elaboradas de segurança, como um emprego estável, um plano de saúde ou seguro de vida; depois as necessidades sociais ou de amor, afeto, afeição e sentimentos tais como os de pertencer a um grupo ou fazer parte de um clube; seguem-se as necessidades de estima, divididas em dois aspectos: o reconhecimento das nossas capacidades pessoais e o reconhecimento dos outros face à nossa capacidade de adequação às funções que desempenhamos; no topo da pirâmide estão as necessidades de autorrealização, em que o indivíduo procura tornar-se aquilo que ele pode ser: "O que os humanos podem ser, eles devem ser: eles devem ser verdadeiros com sua própria natureza". Essas necessidades são satisfeitas da base para o topo, o que significa que primeiro o ser humano precisa atender suas necessidades básicas para depois pensar nas outras.

Seja buscando um parceiro sexual ou fazendo uma venda, você deve entender o que a outra pessoa necessita e atender essa necessidade. Olhe para uma pessoa e pergunte a si mesmo: de que essa pessoa necessita? Como posso ajudá-la? Se olhar para o outro não for suficiente, descubra. Pergunte para outras pessoas ou pesquise nas redes sociais. O grande erro de muitos vendedores é tentar vender com foco no produto. Nunca. O produto é apenas um meio de satisfazer a necessidade do cliente. O mesmo vale para uma sedução amorosa. Se você pensar nas suas necessidades de amor e sexo, estará condenado ao fracasso. A sedução só funciona se o outro enxergar você como um objeto de satisfação. Portanto, aja como tal!

Você também pode criar a necessidade na outra pessoa para então satisfazê-la. Esse é o grande segredo da propaganda, que nada mais é do que a sedução em massa. Seduza tornando-se o objeto de desejo do outro. A escassez é um conceito usado com frequência pelos publicitários, que fazem com que o produto pareça uma oportunidade imperdível de compra simplesmente porque a disponibilidade é limitada (quem já não ouviu "essa oferta é por tempo limitado ou enquanto durar o estoque"). As pessoas tendem a pensar que, se um produto está em falta, é porque deve haver uma grande procura por ele. E as pessoas costumam gostar de coisas de que os outros gostam.

Mas lembre-se de que toda pessoa é diferente, cada homem ou mulher é um ser humano único, o que significa que está sujeito a particularidades e preferências pessoais. O máximo que os estudos comportamentais nos oferecem é um padrão geral que, se compreendido e utilizado, pode aprimorar decisivamente nossas habilidades para seduzir. É o que eu chamo de fórmula da sedução.

As leis da sedução

As leis da sedução nada mais são do que princípios gerais, deduzidos da observação e das ciências comportamentais, que revelam as constantes que operam nos processos de sedução.

Lei da atração: os seres humanos são gregários e, portanto, estão em constante atração. Mesmo que não haja interesse sexual, haverá interesse em amizade e companhia.

Lei da satisfação: os seres humanos estabelecem trocas necessárias à satisfação de suas necessidades materiais, sociais e afetivas. Portanto, um ser humano será seduzido por alguém capaz de satisfazer as necessidades mais prementes num dado momento de sua existência.

Lei da segurança: os seres humanos buscam prazer e fogem da dor; portanto, sempre serão seduzidos por quem lhes proporcionar mais prazer e mais distanciamento da dor, isto é, quem proporcionar mais segurança e conforto.

Lei da identidade: os seres humanos são atraídos por aqueles com quem se identificam. Assim, pela lei da segurança, uma jovem será atraída por quem dirige uma Ferrari, mas pela lei da identidade ela será atraída por alguém que esteja com ela na estação de metrô.

A fórmula da sedução (ISCA)

Você não precisa ser um Don Juan ou um Casanova para seduzir. Tampouco precisa ter os dons de Lincoln para atrair pessoas para a sua causa. A sedução é o resultado de atitudes simples, que podem ser comparadas às de um pescador que se preocupa em atrair o peixe com uma isca, espera pacientemente que o peixe se delicie com ela e só então o fisga. Minha fórmula para seduzir é baseada em três atitudes: INTERESSE, SEGURANÇA, CAPTURA – ISCA.

O primeiro passo da sedução serve para captar a atenção e gerar INTERESSE. Você já deve ter ouvido que a primeira impressão é a que fica. A menos que você destrua a boa impressão nos passos seguintes, é exatamente isso que ocorre. Quanto mais forte for a primeira impressão, maior o potencial de sedução. Algumas coisas têm um poder enorme de despertar interesse: poder, dinheiro, joias, beleza. Tudo isso está, em nível inconsciente, associado às necessidades e à autopreservação. Mas para seduzir não é preciso que um homem dirija uma Ferrari ou que uma mulher tenha um corpo escultural.

Despertar interesse envolve duas coisas: aparência e atitude. A primeira delas, isto é, a aparência, não deve ser confundida com beleza. Há um problema sério mexendo com a autoestima das pessoas na atualidade: padrões estéticos. A indústria da beleza transformou a aparência em produto comercial e disseminou um efeito altamente ansiogênico entre homens e mulheres, que vai da obsessão pelo corpo perfeito à frustração pelos quilos a mais. Para seduzir não é preciso ser uma pessoa bonita, basta ser uma pessoa interessante.

Você não precisa viver numa academia, privar-se do prazer de comer ou submeter-se a cirurgias estéticas desnecessárias para se tornar interessante. É verdade que precisamos cuidar da aparência, o que significa transmitir uma imagem de saúde e higiene, pois nosso cérebro primitivo manifesta seus impulsos de atração por indivíduos que demonstram saúde. Isso se faz com um corpo aparentemente saudável, com higiene "em dia" e roupas adequadas, o que não significa roupas de marca ou roupas caras. Use roupas bonitas, que lhe sirvam, que moldem o corpo e que não tenham manchas ou buracos. Certifique-se apenas de se vestir de uma maneira que a outra pessoa não se sinta envergonhada ao ser vista com você. Um bom perfume pode ajudar bastante, mas não exagere na quantidade. Nessa matéria, menos é mais. Cuidado com mau hálito, cabelos oleosos, caspa ou coisas que possam comprometer sua boa aparência. Lembre-se: pessoas interessantes são pessoas que demonstram saúde física e mental. Cuide de sua imagem para causar uma impressão positiva, pois toda imagem produz uma impressão no cérebro. Produza uma impressão favorável.

Além da boa aparência, é preciso ter atitudes interessantes. Arrume sua postura. Uma postura ereta transmite segurança. Tenha atitudes de líder. Os líderes sempre despertam interesse. Não veja o líder necessariamente como o "macho alfa". O líder é a pessoa que ajuda e dá soluções. É o que busca um lugar para seus amigos sentarem quando o ambiente está cheio, por exemplo. Desperte a curiosidade. Nosso cérebro é naturalmente atraído pela curiosidade. Você pode despertar curiosidade com um bilhete, um olhar, um presente inesperado ou uma simples frase do tipo: "Viu o que disseram na TV sobre mulheres que trabalham e estudam?". Por fim, a regra de ouro: demonstre interesse pelo outro. Veja o que escreveu sobre isso Dale Carnegie, autor do best-seller *Como fazer amigos e influenciar pessoas*:

> Você pode fazer mais amigos em dois meses, interessando-se pelas outras pessoas, do que em dois anos, tentando conseguir o interesse dos outros sobre você. As pessoas não estão interessadas em você, nem estão interessadas em mim. Estão interessadas nelas mesmas – pela manhã, ao meio-dia e depois do jantar.
>
> Thurston tinha um verdadeiro interesse no povo. Declarou-me que muitos mágicos olham para a assistência e dizem para si mesmos: "Bem, aqui está um grupo de tolos endinheirados, e vou enganá-los". O método de Thurston, porém, era totalmente diferente. Contou-me que cada vez que entrava em cena dizia para si mesmo: "Estou muito grato porque esta gente veio ver-me. A sua presença faz com que minha vida corra de um modo agradável. Vou dar, pois, o melhor que me for possível". Declarou que nunca se pôs diante de um refletor sem primeiro dizer a si mesmo várias vezes: "Amo meu público! Amo meu público!". Ridículo? Absurdo? Você tem o direito de pensar o que quiser sobre isto. Apenas estou reproduzindo, sem comentários, o método usado por um dos mais famosos mágicos de todos os tempos.
>
> Se quisermos conseguir amigos, coloquemo-nos à disposição de outras pessoas para fazer por elas certas coisas, coisas que requeiram tempo, energia, desprendimento e meditação.
>
> Se você mostrar um verdadeiro interesse pelas outras pessoas, não apenas conquistará amizades como também atrairá clientes para sua empresa. Uma demonstração de interesse, como todos os princípios das relações humanas, deve ser sincera. Deve recompensar não apenas a pessoa que se mostra interessada, mas também a pessoa objeto de atenção. Uma rua de mão dupla: ambas as partes se beneficiam.

A força da sedução é diretamente proporcional à boa impressão causada. Causar boa impressão envolve apenas aparência e atitude.

A próxima etapa da sedução é a etapa da SEGURANÇA. Nosso cérebro, como o de qualquer primata, é programado para detectar ameaças. Ao menor sinal de ameaça, nossa amígdala cerebral dispara o sinal de alerta para o nosso organismo, que assume a iniciativa de lutar ou fugir. É o fim da sedução. É preciso, portanto, afastar o medo e a insegurança, pois, quanto mais à vontade a outra pessoa se sentir, mais chance terá de ser seduzida.

Há uma fórmula simples e infalível para fazer isso instantaneamente: sorria! O sorriso humano tem um alto poder de sedução porque comunica amistosidade. O professor James V. McConnell, psicólogo na Universidade de Michigan, expressou dessa maneira seu ponto de vista sobre o sorriso: "As pessoas que sorriem tendem a dirigir, ensinar e vender com muita eficiência, além de criar filhos mais felizes. Existe mais informação num sorriso do que numa expressão carrancuda". Há um provérbio chinês que diz: "Um homem sem uma fisionomia sorridente não deve abrir uma loja". O sorriso é o mensageiro das boas intenções.

Outra maneira de gerar conforto é usar a técnica do espelhamento. As pessoas são atraídas por quem consideram semelhantes, e o espelhamento proporciona isso. Espelhar é imitar as posturas da outra pessoa. Essa prática manda mensagens subliminares de amizade e confiança, mas deve ser feita com cuidado, para não se tornar ostensiva demais e cair no ridículo.

Seja gentil com as pessoas. Gentileza transmite boas intenções. Preocupe-se em dar passagem para uma pessoa idosa, juntar um objeto caído, abrir a porta do carro e assim por diante. Deixe as pessoas verem que você é amigo. Cuide da linguagem corporal, evitando gestos agressivos, como apontar o dedo ou sinalizar os genitais, ou defensivos, como braços cruzados, exceto se a pessoa fizer o mesmo. Nesse caso, tente descruzar os seus para obter a mesma reação dela.

Após captar e confortar, é o momento de CAPTURAR, isto é, criar conexão. É realmente conquistar a outra pessoa, completando o processo de sedução. A partir daí, o objetivo da sedução, seja ele um romance, uma decisão ou uma venda, é só uma questão de tempo. Você pode cativar oferecendo ajuda. Ajudar os outros é a melhor maneira de seduzi-los. E o mais interessante: ajudar alguém libera dopamina, criando sensação de prazer em quem ajuda. Quer seduzir? Ofereça ajuda ou vá além: ajude. Elogie. Um elogio sincero tem um impressionante poder de sedução. A diferença entre o elogio e a bajulação está na sinceridade. O elogio é sincero e vem do coração, enquanto a bajulação é da boca para fora.

Nesta fase, é importante não deixar a sedução se perder. Algumas pessoas ficam paradas na "zona de amizade". A captura envolve uma progressiva escalada na intimidade. O sexo pode não ocorrer no primeiro encontro, mas a escalada deverá ser mantida até que ocorra.

Conversas e encontros

A regra número um numa conversa é: tenha bom hálito. Se você não tem certeza do tipo de odor que sua boca exala, pergunte a um bom amigo ou consulte um dentista. Exalar odores é natural na fisiologia humana, e devemos cuidar disso, mas poucas coisas são tão desestimulantes numa conversa quanto o famoso e ameaçador "bafo de onça".

A parte mais difícil é, sem dúvida, a abordagem. A primeira coisa a fazer é vencer o medo. Você precisa se aproximar da pessoa. Numa ocasião formal, como um encontro de negócios, um simples "bom dia", "boa tarde", "obrigado por me receber".

Mas, em situações típicas de sedução, especialmente na sedução amorosa, a abordagem é mais assustadora, porque entram em jogo sérios sentimentos e reações conscientes e inconscientes ligadas ao medo da rejeição. Para diminuir a ansiedade, não se preocupe em seduzir. Se alguém lhe interessa, apenas converse, sem a pretensão de ser aceito. Comporte-se como o ser social que é e trate a conversa como um fato natural. Alguns recomendam usar a técnica dos três segundos, criada por Erik Von Markovik (cujo codinome é Mystery), um mestre da sedução, autor de *The Mystery Method: How to Get Beautiful Women into Bed* (O método Mystery: como levar mulheres bonitas para a cama). A técnica, como o próprio nome indica, consiste em abordar uma pessoa em até três segundos. Quando você avista uma pessoa que desperta seu interesse, simplesmente vá até ela e aborde, sem pensar em nada. Isso tem grande importância, pois fazendo isso você não dá tempo ao seu cérebro de criar ansiedade antes da abordagem.

Faça a outra pessoa notar que pode ver você como um amigo. Os abridores da conversa não podem ser indicadores de sedução direta, para evitar o instinto de lutar ou fugir. Numa festa, pode ser algo como: "Você não tem a impressão de que os exaustores estão desligados?", ou: "Não conheço essa cerveja que você pediu, parece boa". Se houver receptividade, comece a falar sobre como algumas pessoas passam mal em ambientes sem ventilação ou sobre cervejas. Simples assim. Não há uma regra específica. Basta deixar a conversa fluir, sem realizar nenhuma ação ostensivamente sedutora nesse momento.

Se você estiver no mesmo evento, palestra ou aula que a outra pessoa, tente descobrir o nome dela. Quando ela entrar na sala, sorria para ela. Se possível, cumprimente os amigos dela. Às vezes isso é suficiente para ser percebido. Caso a outra pessoa não pareça prestar atenção em você, quando ela passar perto, simplesmente diga "oi" de forma amigável. Se ela for tímida, poderá apenas sorrir de volta.

Se a abordagem for exitosa, prossiga com a próxima etapa. Do contrário, olhe à sua volta: o mundo não terá acabado, e você continuará vivo. Sua amígdala cerebral estava errada ao encher seu corpo de adrenalina e medo. Não existe ameaça à sua sobrevivência por falar com alguém.

O desenvolvimento da conversa também é importante. E a regra básica dessa etapa é: "Se quiser ser um bom conversador, seja um bom ouvinte. Para ser interessante, seja interessado". Seja um bom ouvinte, incentive os outros a falar sobre eles mesmos. Não interrompa e se mostre realmente interessado no que o outro fala. Faça perguntas ao interlocutor. Estimule o outro a falar sobre si mesmo e sobre seus assuntos prediletos. Lembre-se de que a outra pessoa está mais interessada em si mesma, seus problemas e vontades, do que em você e seus problemas. Fale sobre assuntos que interessem à outra pessoa. Procure praticar uma escuta atenta para descobrir quais são as preferências e assuntos, livros, filmes, viagens, esportes. Então fale também sobre isso.

Lembre-se da importância do nome das pessoas. Precisamos compreender que esse singular elemento pertence exclusivamente à pessoa com quem estamos lidando e a ninguém mais. O nome destaca a singularidade do indivíduo, tornando-o único entre a multidão. Do garçom ao diretor, o nome exercerá um efeito mágico para quem o escuta.

Consiga que a outra pessoa diga "sim" imediatamente. Mantenha a outra pessoa dizendo "sim" desde o começo. Ajude com mensagens subliminares: durante a conversa, acene "sim" com a cabeça; use o gesto da mão fechada, com o polegar para cima em algumas "pontuações". Evite que o outro diga "não". Quando uma pessoa diz "não", seu amor-próprio e personalidade farão com que continue dizendo "não". O sedutor deve conseguir desde logo uma série de respostas afirmativas. Dessa forma, ele orienta o processo psicológico para gerar o "sim" que ao final deseja. Quando uma pessoa diz "não", orienta sua fisiologia e sua mente nessa direção.

Aprenda a divertir a outra pessoa. Sorria e faça sorrir. O riso libera endorfinas e proporciona sensações de prazer. Que pessoa não se sentiria atraída por quem lhe proporciona prazer? Contar piadas ou histórias engraçadas é uma forma clássica de fazer uma pessoa rir, mas não é a única. As risadas virão por conta própria caso ambas estejam relaxadas e apreciando a companhia uma da outra.

Não envergonhe a outra pessoa. Pelo contrário, faça a outra pessoa sentir-se importante, mas faça-o sinceramente. Elogios são bem-vindos, mas devem ser sinceros, respeitosos e sutis. Na sedução, a lisonja é aceita, mas a bajulação é condenada. Você pode elogiar algo físico, como o cabelo, os olhos ou o sorriso de uma pessoa, ou pode elogiar um traço de personalidade, como a inteligência ou senso de humor. Também vale elogiar a roupa, a elegância, o estilo, o perfume e assim por diante. Não se preocupe em manter um repertório de cantadas prontas. Lembre-se de que o poder da sedução está na comunicação subliminar e indireta.

Se você deseja que o relacionamento avance, saia da zona da amizade. Passe para a fase da conquista. É hora de intensificar a sensação de intimidade com olhares e insinuações, criando alguma tensão sexual. Comece a tornar suas intenções mais evidentes. Flerte um pouco. Eventualmente, sussurre, pois, independentemente do que você diz, sussurrar no ouvido de outra pessoa pode ser algo altamente sedutor. Dessa forma, você quebra a barreira física e cria uma aura de intimidade. Aproxime-se o suficiente para que a outra pessoa possa sentir sua respiração em seu ouvido. Durante a conversa, procure realizar toques que possam intensificar-se aos poucos, culminando com um abraço, um beijo ou ambos.

Finalmente, uma dica sobre reuniões e encontros: seja pontual, mas não se aborreça com atrasos. As mulheres principalmente demoram para se vestir. Querem se sentir bonitas e adoram que isso seja valorizado. Não desanime se a outra pessoa recusar um convite, pois, às vezes, a sensação de segurança pode demorar um pouco a aparecer, visto que depende da personalidade e das experiências de cada um.

Estratégias de sedução

As estratégias da sedução não são receitas rígidas, mas diretrizes situacionais para serem usadas e adaptadas de acordo com as circunstâncias, dependendo do tipo de sedução pretendida. Podem ser usadas individualmente ou em conjunto.

A maioria das pessoas deseja ser seduzida. A sedução está ligada à fantasia das aventuras e dos romances. Se uma pessoa resiste, é porque não houve esforço suficiente para dissipar os medos e as incertezas. Mostre até onde você está disposto a ir para conquistar. Faça sacrifícios calculados.

Os desejos edipianos da infância tendem a ser realizados nos relacionamentos adultos. Instigue a possibilidade dessa realização. Inspire e aja.

Pessoas gostam de pessoas de ideais e atitudes, pois, "se a palavra convence, o exemplo arrasta". Todos têm dúvidas sobre seus dotes físicos, por isso a sedução física pode gerar insegurança.

Seduza com coisas sublimes, espirituais, ocultas e místicas. Fale de energia, estrelas e destino. Instigue a conexão espiritual, que soa como eterna, para além da conexão física. Provoque a transgressão, pois vivemos sujeitos a limites, e a ideia de ultrapassá-los é extremamente sedutora, como um anseio de liberdade.

A sedução deve começar de forma oblíqua, indireta. Ir direto demais no início desencadeia uma reação defensiva difícil de ser superada. Use a insinuação para seduzir. Não seja óbvio em suas atitudes. Envie sinais ambíguos.

Para captar a atenção, você precisa criar profundidade e mistério. Mostre-se querido e desejado pelos outros. As pessoas querem o que os outros também querem. Sendo você único, mas desejado por muitos, isso representa escassez e valor. Crie uma reputação que o preceda, pois, se tantos cedem ao seus encantos, deve haver um motivo.

A insatisfação é inerente à espécie humana. Os budistas entendem bem essa característica. Explore-a para seduzir, identificando o que falta e o que pode ser preenchido. Segundo Lacan, gênio da psicanálise, é a falta que move os seres humanos. Aprenda a criar a necessidade que você poderá satisfazer.

Para fazer as pessoas se abrirem, seja tolerante com seus caprichos e valores. Entre no espírito delas, jogue segundo suas regras e adapte-se aos seus humores. Crie tentação, despertando desejo.

Transmita a imagem dos prazeres futuros: dinheiro, luxúria, aventura, poder. Acione o poder da imaginação e da fantasia, hipnotizando com a visão do prêmio. Excite com surpresas e enigmas. Não deixe que saibam o que esperar de você.

Inflame as emoções das pessoas com linguagem carregada de energia, elogie, conforte, envolva com promessas e palavras vagas, deixando que pensem o que quiserem. Aprenda a distrair com pequenos rituais: presentes sob medida, gestos e atenção. Crie espetáculos para os sentidos, para não ser pego em suas reais intenções.

Espante a monotonia e o costume, evite que se acostumem com você. Alterne entre uma presença excitante e um frio distanciamento. Associe-se a momentos prazerosos, poéticos e intensos. Crie a imagem de que, por seu intermédio, o outro poderá realizar seus sonhos e fantasias.

Dê liberdade. A maioria das pessoas não quer relacionamentos com alguém carente, inseguro ou controlador.

Estimule o prazer e a luxúria, pois a sexualidade é um dos apelos mais poderosos da natureza, já que se relaciona à perpetuação da espécie. Mostre calor e desejo.

Haja como um sedutor, não como um político. Quando chegar a hora, aja sem hesitação ou embaraço, sem dar tempo para pensar nas consequências.

Pickup Art

O termo PUA significa "*pickup artist*" ("artista da pegação"). Surgiu nos Estados Unidos para descrever um especialista em sedução. Significa também "artista da sedução" ou "artista venusiano", em homenagem à deusa romana Vênus, que entre os gregos era Afrodite, a deusa do amor. Os praticantes das artes venusianas desenvolveram, a partir da observação e experimentação, uma série de técnicas destinadas à sedução de mulheres, que podem ser resumidas da seguinte maneira:

***Push & pull*:** técnica que significa, literalmente, "puxar e empurrar", na qual o PUA demonstra interesse e desinteresse ao mesmo tempo, com o objetivo de obter e consolidar a atração.

***Body rocking ou roll-off*:** consiste em posicionar o corpo de forma a dar a impressão de que já vai embora, fazendo a outra pessoa "baixar a guarda".

Pista falsa de tempo: consiste em dizer algo à mulher que passe a impressão de que sua permanência no grupo em que ela está será breve, tranquilizando-a e fazendo com que ela "baixe a guarda", dando-lhe tempo para gerar a atração.

Cinestesia: é utilização de metáforas para estimular a imaginação e a fantasia, deixando a mulher mais suscetível à conquista.

***Cocky & funny*:** significa "arrogante e engraçado". É uma técnica que mistura arrogância e humor. O sedutor faz rir com um comentário arrogante e engraçado, mas não ri, apenas sorri enquanto fala.

***Neg*:** é uma frase sutil ou comentário engraçado que tem por fim baixar a guarda ou a autoestima de mulheres bonitas, para que ela veja que sua beleza não afetou você. Deve ser usado de forma divertida, deixando-a com vergonha ou numa situação levemente "constrangedora". Mystery, o criador da técnica, aconselha o uso de três *negs* sucessivamente. Exemplo de *neg*: "Lindo vestido. Fica muito bem em você. Já vi duas mulheres usando um igual hoje. Deve ser moda".

Demonstrações de valor superior: consiste na demonstração indireta de características masculinas universalmente aceitas, como liderança, proteção de entes queridos, emotividade. O valor é um dos principais motivos de atração nas mulheres. Veja o que diz Chris Odom sobre o assunto: "Valor... esse é seu poder para ativar atração por meio de palavras e ações. O conceito abstrato de valores de sobrevivência e reprodução toma forma concreta por meio de ativadores discretos que embutimos em nossos movimentos e conversas com a finalidade de convencer altos valores de sobrevivência e reprodução. As pessoas confiam nessas emoções relacionadas a valor para tomarem decisões sociais, como se elas excluíssem os perdedores; alinham-se com ganhadores e procuram por um par".

Controle de *frame*: "frame" é o "quadro" que as pessoas fazem de você instantaneamente. Os primeiros 30 segundos são essenciais no processo de sedução, pois definem a imagem que a mulher fará de você. O frame é definido por uma série de fatores, como linguagem corporal, modo de se vestir, popularidade etc.

Prova social: as mulheres são seres de alta sociabilidade, por isso valorizam pessoas populares, carismáticas e agradáveis.

***Peacocking*:** significa "pavoneamento" e consiste em vestir um item ou acessório interessante ou diferente, que consiga se destacar do resto do visual, chamando a atenção, como uma camisa brilhante ou uma joia, desde que não se trate de algo que possa ser considerado brega.

Qualificação: é uma técnica pela qual o PUA faz com que a mulher se qualifique para ele, falando de suas qualidades, além da beleza.

Os "artistas venusianos" entendem a sedução como um jogo e aprendem suas regras. A sedução pode ser direta (utilizando métodos explícitos), indireta (utilizando métodos implícitos de sedução) ou natural (sem qualquer método pré-definido). É um jogo que se baseia na prática e na conquista do máximo de mulheres possível. As regras básicas são:

- esteja limpo;
- chame a atenção;
- aproxime-se de mulheres sempre com energia maior (sorriso no rosto, aparência tranquila, confiante e confiável);
- ignore a beleza da mulher, elogiando a personalidade, roupas, estilo etc.
- olhe nos olhos;
- converse relaxadamente;
- veja-se como um prêmio para ela;
- jogue e saia com várias mulheres;

- dê sempre o melhor;
- seja flexível;
- não gaste seu dinheiro antes de seduzir;
- seja positivo e mostre-se feliz com a vida que leva;
- seja imprevisível, isto é, "quente e frio" alternadamente durante e após a conquista;
- não tenha medo de discordar e expressar sua opinião (faça isso educadamente);
- use a proporção e não dê mais do que recebe;
- lidere sempre e tome as iniciativas;
- seja protetor;
- não se desvalorize perante ela nem a supervalorize;
- seja naturalmente firme, mas não faça grosserias ou indelicadezas;
- tenha uma vida feliz, para que a sedução seja produto de sua felicidade;
- crie tensão sexual e saia da "friendzone" assim que conseguir sinais de aceitação;
- quando chegar a hora, leve-a para um lugar onde a intimidade possa fluir normalmente, mas não se apresse nem pressione, pois cada mulher tem seu tempo, seus medos e seus mistérios;
- aceite tudo como um jogo e aprenda a lidar com a rejeição.

O líder sedutor

Uma das formas mais importantes de sedução é a liderança, que significa obter a colaboração de pessoas e equipes. A liderança é um dos talentos mais valorizados no mundo corporativo, por isso é importante usar a sedução para liderar. Liderar com sedução significa não precisar de atitudes constrangedoras ou impositivas para conseguir que as pessoas façam o que você deseja. Significa obter comprometimento por satisfação e não por obrigação. Significa saber encantar e motivar pessoas e equipes. Todos os princípios da sedução aplicam-se à liderança, mas vale a pena lembrar as seguintes atitudes do líder sedutor:

1. Seja sincero. Não prometa nada que não possa cumprir. Esqueça-se dos benefícios a seu próprio favor e concentre-se nos benefícios dos demais.
2. Saiba exatamente o que deseja que a outra pessoa faça.
3. Seja simpático. Pergunte a si mesmo o que a outra pessoa realmente deseja.
4. Reflita sobre os benefícios que a outra pessoa receberá fazendo o que você sugere. Faça com que esse benefício venha ao encontro dos desejos da outra pessoa. Pedir ajuda é uma boa estratégia, pois todos gostam de ajudar.
5. Quando der sua ordem, formule-a de modo que a outra pessoa a entenda como benéfica para ela.
6. Elogie, reconheça e valorize. Todos gostam de se sentir importantes.
7. Não critique, não julgue, não se queixe.
8. Não envergonhe e não humilhe a outra pessoa.
9. Quando for corrigir a atitude, lembre-se de enaltecer a pessoa.
10. Demonstre gratidão. A pessoa precisa saber que fez algo importante e que sua cooperação foi valiosa.

Sedução em vendas

Vender é seduzir. O problema é que a maioria dos vendedores esquece isso e não aplica o segredo mágico da sedução: *satisfazer necessidades.* Satisfazer as necessidades do cliente deve ser o objetivo principal do vendedor. Um vendedor não deve focar suas próprias necessidades, e sim as do seu cliente.

Uma necessidade pode ser consciente, quando o cliente sabe do que precisa, ou inconsciente, quando o cliente desconhece sua própria necessidade. Por exemplo, todos precisam de uma geladeira, essa é uma necessidade explícita. Mas alguns clientes são apreciadores de cerveja e têm uma necessidade inconsciente de que a geladeira tenha uma função específica de gelar cerveja. A sedução em vendas vai além da necessidade consciente e busca a necessidade inconsciente do cliente.

Além disso, a sedução tende a transformar desejos em necessidades. Uma necessidade é diferente de um desejo. Há necessidade quando o cliente precisa de algo, e há desejo quando o cliente não precisa, mas quer possuir. O vendedor deve seduzir o cliente, transformando o desejo em necessidade, disparando gatilhos emocionais. O produto que o cliente deseja deve atender às necessidades emocionais, como conforto, segurança ou simplesmente vaidade.

Uma mulher pode comprar um vestido porque precisa de uma roupa nova para uma ocasião especial, o que representa uma necessidade, ou simplesmente pelo desejo de ter um vestido bonito. Para vender esse vestido, é preciso seduzi-la, buscando satisfazer necessidades inconscientes e desejos. Ela deve então ser seduzida à compra por meio de gatilhos emocionais que vão atender suas necessidades de autoestima e segurança, por exemplo: o vestido realça curvas e disfarça imperfeições, deixando-a mais sexy (autoestima); o vestido vai encantar seu marido (segurança); é difícil de encontrar um vestido com essas qualidades (ideia de escassez).

O profissional de vendas deve trabalhar com a razão, mas focar a emoção do cliente, pois os processos de compra são essencialmente emocionais. Conforme explica David Lewis no livro *The Brain Sell* (A venda cerebral), "assim que o desejo se instala com força no cérebro de um comprador moderno, este já não consegue se concentrar em outra coisa. O desejo terá se transformado em necessidade desejada... as necessidades desejadas podem gerar um desejo emocional tão forte que precisam ser satisfeitas sem importar o preço".

No plano da razão, é essencial o trabalho de pré-venda, isto é, planejamento, pesquisas sobre o cliente e suas necessidades, identificando-as com clareza, conhecimento do produto e do concorrente. No plano da emoção, é preciso usar a sedução para atingir a emoção do cliente.

Para vender, tenha em mente os cinco princípios da sedução em vendas:

1. Atenda às necessidades conscientes e inconscientes.
2. Consiga que o cliente diga vários "sim".
3. Faça o cliente pensar que ele está comprando e não que você está vendendo.
4. Dramatize suas ideias, transmitindo emoção.
5. Lembre-se de chamar o cliente pelo nome.

Atitude mental sedutora

Tudo é mente. A sedução é mental. É a mente que se encanta e deseja estar com outra pessoa. Quando for seduzir, use uma atitude mental positiva, adquirindo confiança no processo de sedução. Use a mentalização para seduzir. Relaxe e imagine-se ao lado dessa pessoa, obtendo dela tudo o que você deseja. Faça a mentalização da maneira mais realista possível, vendo, ouvindo e sentindo tudo o que sentirá ao conquistar o que deseja. Quando estiver diante de quem deseja seduzir, adote uma das regras do pensamento e diga em silêncio para si mesmo: "Eu gosto muito dessa pessoa". Esse pensamento fará sua fisiologia reagir, enviando à outra pessoa sinais de que você gosta dela. Essa comunicação inconsciente será captada como informação subliminar, gerando no outro sensações positivas a seu favor.

RESUMO

1. Use a atitude mental sedutora.

2. Use o segredo mágico da sedução: atenda necessidades.

3. Use a fórmula da sedução: gere INTERESSE, inspire SEGURANÇA, faça a CAPTURA.

4. Use a mente sedutora para conquistar outra pessoa, para liderar, para vender e para persuadir.

SEGREDO Nº 9

SUPERAPRENDIZAGEM

"A sorte só favorece a mente preparada."
– Isaac Asimov, cientista

Na faculdade de Direito, eu era conhecido por minha liderança no movimento estudantil. Como era próprio daquele momento, eu e meus colegas tínhamos uma ligação muito próxima com o rock e a música popular brasileira. Entre nossos ídolos da MPB estava Milton Nascimento, com uma de suas canções mais conhecidas, "Coração de estudante". Essa canção ainda hoje marca minha atitude em relação à vida, no sentido de manter viva minha necessidade de aprender.

Na verdade, a vida é uma escola generosa, que nos ensina a cada segundo desde que nascemos até nossa derradeira respiração. Aristóteles disse: "Todos os homens, por natureza, desejam saber". Portanto, aprender é uma condição natural da mente humana, independentemente de qualquer esforço.

Em seu livro *Variações sobre o prazer*, Rubem Alves cita Zaratustra, nos oferecendo o mundo como um objeto de prazer, dizendo: "Era como se uma maçã inteira se oferecesse à minha mão, maçã madura e dourada, de pele fresca, macia, aveludada, assim esse mundo se ofereceu a mim... O mundo como fruta, o mundo para ser comido, o mundo como objeto de deleite. Isso é *sapientia*, sabedoria. A maçã só pode ser conhecida sapiencialmente se for comida. Não pode estar fora de mim. Tem de entrar no meu corpo.

O sábio é um degustador. Eu quero que meus alunos sejam educados para serem degustadores do mundo!".

Nos ensinamentos budistas encontramos a seguinte lição sobre o aprendizado: "Apenas três tipos de pessoas são infelizes: as que não sabem e não perguntam, as que sabem e não ensinam, e as que ensinam e não fazem". Acredito que ensinar é um dever, um compromisso com a evolução. Viver é transmitir conhecimentos. Nossos genes são informações que passam de geração para geração.

Tenho dedicado boa parte da minha vida a ensinar. Nas minhas aulas e palestras costumo encontrar estudantes ávidos por realizar seus sonhos de sucesso profissional em uma carreira pública. São pessoas que precisam estudar exaustivamente para enfrentar a absurda concorrência de candidatos nos concursos públicos.

Mas será que as pessoas, com o perdão da redundância, realmente aprendem como aprender? Primeiramente, deve ser marcada a distinção que existe entre duas palavras muito semelhantes: aprender e apreender. Enquanto aprender significa estudar, familiarizar-se, apreender significa apoderar-se genuína e definitivamente do conhecimento. Então, este segredo é sobre como aumentar a capacidade de apreender.

Uma das maiores demonstrações dessa capacidade é o trauma, pois se trata de uma experiência que jamais esquecemos. Apreendemos de forma indelével com um trauma porque apreendemos com a emoção e não com a razão.

Então, um dos segredos do aprendizado é que devemos transformar dados racionais em dados emocionais. Quer apreender para sempre o nome da capital do Equador, Quito? Imagine-se mergulhado num coador (Equador) repleto de mosquitos (Quito). Procure "viver" intensamente as sensações de estar nessa situação e você jamais esquecerá essa informação.

O cérebro humano é resultado de uma evolução baseada no aprendizado. Graças à neuroplasticidade, podemos transformar nosso cérebro, criando novas conexões durante a vida inteira. As experiências novas geram conexões neuronais, constroem padrões sinápticos e aperfeiçoam nosso modo de perceber o mundo. A imaginação e a criatividade também melhoram quando o cérebro reage diante de novas percepções, em especial se nos dispomos a novas experiências de vida.

O segredo para a superaprendizagem é ter a habilidade de usar os dois hemisférios cerebrais simultaneamente, aumentando o número de conexões entre as células. O cérebro humano tem cerca de 100 bilhões de neurônios cuja principal função é comunicar-se por meio de sinapses. As conexões são a base do aprendizado. Quanto mais conexões existem, maior a nossa capacidade cerebral. Quanto mais vezes repetimos a mesma coisa, mais nossas conexões são reforçadas, até que se torne algo natural. Temos que repetir 21 vezes um novo hábito para desenvolver uma nova conexão no cérebro. Para integrar os hemisférios, precisamos fazer coisas diferentes daquelas a que estamos acostumados. Experimente fazer coisas simples com a mão não dominante, como usar talheres, escovar os dentes ou escrever o nome.

Níveis de aprendizagem

Quando falamos de níveis de aprendizagem, estamos nos referindo às etapas que percorremos no processo de incorporação de novos conhecimentos. O primeiro nível é de completo desconhecimento, em que nem sequer sabemos que não sabemos, o que chamamos de *ignorância inconsciente*.

Quando nos damos conta de nossa ignorância, isto é, sabemos que não sabemos, entramos em um nível de ignorância consciente.

Estudamos e aprendemos. Nesse nível, sabemos que sabemos, entrando num processo de conhecimento consciente.

A aprendizagem se completa quando incorporamos definitivamente o novo conhecimento e nos tornamos capazes de aplicar sem pensar, como no ato de dirigir um veículo, por exemplo. É a fase da excelência, em que nos tornamos expertos, atingindo o nível de conhecimento inconsciente.

Relaxamento

Os estudos científicos comprovam que a mente funciona melhor quando está relaxada. Por um lado, o relaxamento estimula o processo criativo e, por outro, reduz o nível de estresse, que é um obstáculo à aprendizagem.

Relaxamento não pressupõe, necessariamente, estar em silêncio com olhos fechados. Caminhar, fazer exercício, ler um poema, escutar música, meditar, rezar ou mesmo tomar um banho relaxante proporcionam ao cérebro a realização de conexões de regiões que não estavam conectadas.

O cérebro em intensa atividade mental funciona com ondas beta. As ondas alfa, mais profundas, são aquelas produzidas quando estamos relaxados, criando um "ambiente" mental mais propício à aprendizagem. Para atingir as ondas alfa, basta ficar em silêncio, num ambiente tranquilo, com uma atitude passiva e posição confortável. Se for difícil relaxar de repente, feche os olhos e imagine que suas mãos, braços e pernas estão pesados e quentes. O relaxamento ocorrerá em instantes. A música clássica é um indutor eficaz de ondas alfa. Experimente fechar os olhos e respirar profundamente ouvindo uma sonata de Bach.

Concentração

Uma boa concentração proporciona ao estudante o poder de reduzir seu estudo a um terço do tempo.

Procure estudar sempre no mesmo horário, estabelecendo uma rotina de estudos. Evite distrações, desligando o celular e pedindo para não ser interrompido.

O cérebro só consegue prestar atenção em uma coisa de cada vez. Evite realizar mais de uma tarefa ao mesmo tempo, como checar e-mails enquanto está estudando. É um mito muito difundido o de que certas pessoas, especialmente as mulheres, são multitarefas. É possível, claro, fazer várias coisas ao mesmo tempo, como caminhar, conversar e escutar música, mas é impossível prestar atenção em mais de uma coisa. Alguma delas sofrerá prejuízo.

Um exemplo clássico é falar ao celular na direção de veículo. Há uma infinidade de acidentes ocasionada por essa prática justamente porque, ao falar no celular, perde-se a atenção ao que realmente interessa, que é o cuidado com a segurança do tráfego.

O cansaço, a falta de sono e o estresse são fatores extremamente prejudiciais à concentração. Pessoas com a rotina muito pesada devem manter o hábito de tirar uma soneca de pelo menos uma hora antes do estudo e desenvolver técnicas de relaxamento.

Faça intervalos a cada 45 minutos de estudo, aproximadamente.

Estudar logo após as refeições reduz drasticamente a capacidade de concentração, sendo recomendável descansar um pouco para ter melhor aproveitamento.

Estudar com música pode ser um fator de dispersão. Estudos comprovam que a melhor música para estudar é a erudita.

Não se deve estudar na cama. Posições de descanso podem ser adotadas apenas para matérias que exijam menos raciocínio ou durante os intervalos.

Pessoas muito dispersivas, isto é, aquelas que facilmente perdem o foco, podem estudar em voz alta, andando, lendo e gesticulando.

Etapas do aprendizado

Planejamento: a primeira etapa é planejar o estudo, levando em conta a extensão do tema e o tempo disponível. Essa equação nem sempre é fácil de ser montada. Procure estabelecer um calendário e cumpri-lo, estabelecendo períodos de revisão.

Visão geral: começamos o estudo dando uma olhada geral no tema, sem prestar atenção aos detalhes, familiarizando-nos principalmente com os títulos e tendo uma ideia geral do que se trata.

Captação: o passo seguinte é fazer uma leitura detalhada de cada aspecto, realizando anotações, mapas mentais e usando técnicas de memorização. Uma boa captação ocorre pelo emprego de canais visuais, auditivos e cinestésicos (fala em voz alta, escrita, imagens etc.).

Recuperação: esse é o momento de retornar ao que não foi bem compreendido, pesquisando em novas fontes ou perguntando para especialistas.

Consolidação*:* deve ser feito um apanhado do tema, de forma detalhada e rica, sem apoio das anotações, realizando mapas mentais, resolvendo problemas etc.

Revisão: chegamos ao conhecimento inconsciente quando incorporamos nosso conhecimento à memória de longo prazo, e a forma mais efetiva de fazer isso não é por meio de técnicas de memorização, mas pela exposição reiterada à mesma informação. Portanto, é fundamental revisar periodicamente o material estudado, com ênfase nos mapas mentais.

Administração do tempo

Procure organizar seu tempo de estudo, mantendo o mesmo horário todos os dias. Assuma isso como um compromisso pessoal e não se desvie dele.

Otimize seu tempo, utilizando períodos aparentemente "mortos": filas, salas de espera, deslocamentos em ônibus, intervalos de trabalho etc. Cinco minutos livres são tempo suficiente para memorizar um conceito.

Uma coisa interessante é montar um quadro de horários, contendo todas as suas atividades, deixando em branco os tempos vagos. Em seguida, elabore um quadro de estudos, contendo as horas vagas e as otimizadas. O quadro de estudos deverá conter as matérias que serão estudadas em cada um dos horários, prevendo ainda espaços para as revisões.

Leitura eficaz

Uma leitura eficaz é aquela que prima por uma compreensão correta do seu conteúdo. É muito importante fazer duas leituras: a primeira é uma leitura de familiarização, feita com um passar de olhos sobre o índice e os capítulos, atentando para aspectos essenciais, e a segunda é a leitura de fixação, em que se dá atenção aos aspectos mais relevantes.

É importantíssimo nesse processo anotar os termos desconhecidos, com auxílio de um dicionário. Além disso, devem ser grifadas as ideias centrais, associadas a anotações explicativas que podem ser feitas no próprio material.

Em algumas situações, é possível utilizar técnicas de leitura dinâmica, otimizando o tempo e a compreensão. A leitura dinâmica proporciona maior concentração e economia de tempo, além de melhorar a assimilação do conteúdo. As habilidades da leitura dinâmica podem ser resumidas da seguinte forma:

1. **Ausência de subvocalização:** isto significa ler apenas com os olhos, sem ficar pronunciando as palavras e frases em voz baixa.
2. **Redução dos pontos de fixação:** significa ler aos saltos, em blocos, ao invés de palavra por palavra. Infelizmente, nossa alfabetização exige que leiamos cada uma das palavras de um texto. Mas com a prática vemos que é totalmente possível ler grupos de palavras e mesmo assim compreender seu conteúdo.
3. **Redução da parada ocular:** embora lendo grupos de palavras, podemos treinar os olhos para que eles fluam pelo texto ao invés de ficar parando em determinados trechos.

O treinamento em leitura dinâmica deve ser feito aos poucos, começando com cerca de 15 a 20 minutos por dia, até tornar-se natural. Uma boa forma de treinar essa técnica é adotá-la na fase de familiarização.

Técnicas de estudo

Nos últimos anos, a pedagogia e as ciências cognitivas ressaltaram a importância das "metodologias ativas" no aprendizado. São técnicas e ferramentas que colocam o estudante como produtor de conhecimento ao invés de mero receptor passivo das informações transmitidas por um professor. Métodos de estudo estão muito além de simplesmente ler ou memorizar. Eles exigem do estudante a utilização de todos os sentidos, além de um sério envolvimento emocional com os conteúdos.

Uma imagem vale por mil palavras, não é verdade? Isso ocorre porque as palavras são uma aquisição recente em nossa escala evolutiva. Enquanto a linguagem escrita pertence ao consciente, a imagem atinge diretamente os nossos níveis inconscientes de aprendizado.

Com base nessa ideia, surgiram os mapas mentais, inventados pelo investigador britânico Tony Buzan, inspirado nos cadernos de Leonardo da Vinci.

Os mapas mentais nos ajudam a fixar ideias ao invés de simples palavras. Utilize uma folha em branco, lápis de cor e canetas coloridas e marca-texto de várias cores. Coloque no centro da folha a ideia principal dentro de um círculo, preferencialmente numa forma simbólica, da forma mais chamativa possível, sem se preocupar com a qualidade do desenho. Agregue conexões, como se fossem galhos, a essa ideia central, associando novas ideias, também vividamente representadas, até preencher a folha.

Veja como essa disposição dá dinamismo e interliga as ideias, facilitando enormemente o aprendizado. Ao acordar, passe os olhos no mapa mental elaborado no dia anterior.

Outra técnica interessante é o uso de cartões de aprendizagem. Utilize cartões em branco de ambos os lados. De um lado escreva um conceito e do outro uma palavra-chave ligada a esse conceito. Mantenha esses cartões no bolso e, sempre que puder, revise-os ou simplesmente tome um cartão e leia o conceito, tentando associar à palavra-chave ou vice-versa.

Pesquise na internet imagens, vídeos e outras informações interessantes relacionadas ao assunto estudado.

Sempre que possível, estude o assunto antes da aula, construindo um alicerce para as informações mais aprofundadas. Procure assimilar durante as aulas, deixando o mínimo possível para o estudo posterior. Interaja sempre que possível e faça anotações, procurando absorver as informações com todos os sentidos disponíveis.

Grife e anote, tornando seu material personalizado. Isso cria vínculo emocional com o conteúdo, que passa a ser seu, como uma espécie de apropriação. Lembre-se de que as coisas carregadas de emoção são recordadas por muito mais tempo e com mais detalhe. Procure eventualmente passar os olhos nas partes grifadas e anotações.

Provas e concursos

Tenho dedicado boa parte de minha vida a ajudar pessoas a passarem em concursos públicos. Tudo começa com a decisão de prestar o concurso. A partir daí, o candidato deve ter uma postura objetiva e focada, programando-se mentalmente para o estudo e a aprovação.

O planejamento dos estudos é essencial, a começar pelo conhecimento do conteúdo que será exigido e elaboração de um calendário de estudos. Certamente é uma péssima estratégia deixar o estudo para a véspera da prova. Tampouco se estudar enquanto se espera a prova. O ideal é reservar o dia e os minutos anteriores para lazer, meditação, companhia das pessoas amadas e relaxamento, preparando o cérebro para a "batalha".

Há um sentimento comum em todas as pessoas que é a sensação de "não saber nada". Trata-se de uma manifestação natural, constante em praticamente todos os estudantes que irão prestar provas.

A preparação para provas e concursos deve incluir a resolução de questões de provas anteriores. O cérebro cria conexões próprias para resolver questões de provas e concursos e familiariza-se com essa dinâmica, tornando tudo mais fácil no dia do exame.

No dia da prova, acorde cedo e chegue ao local com antecedência. Adote técnicas de relaxamento e programação mental. Ler uma revista ou ouvir música antes da prova pode ser de grande valia para o cérebro.

Ao receber a prova, procure controlar a respiração e relaxar, acionando âncoras específicas, como a expressão "Eu vou passar!".

Leia a prova, atentando para o enunciado, e procure fazer primeiro as questões de que tem mais domínio. Cuide da postura para não ficar cansado antes do tempo e procure fazer pequenos intervalos relaxantes, de aproximadamente um minuto, liberando o cérebro da tensão. Se possível, vá ao banheiro.

Tenha consigo água e um lanche, que deve se resumir a uma fruta, barra de cereal ou chocolate. Evite iogurtes, que podem facilmente sujar a prova, ou biscoitos crocantes. Coma e beba em silêncio.

O "branco", isto é, o esquecimento de respostas sobre matérias estudadas, é algo corriqueiro na realização de provas. Está geralmente relacionado a problemas emocionais e ao medo. Manter um estado relaxado e devidamente "ancorado" é muito útil para evitar esse fenômeno.

No livro *Como passar em provas e concursos*, o especialista William Douglas apresenta uma técnica denominada Viagem Mental de Recordação (VMR), que consiste no seguinte: feche os olhos e imagine-se entregando a prova e recolhendo o material para ir embora. Depois, saia da sala e vá para a rua. Imagine-se encontrando os amigos e voltando para casa. Viva intensamente essa cena, imaginando o que veria, ouviria e sentiria. Essa visualização cria uma espécie de ilusão e faz com que o cérebro libere-se do bloqueio tensionador, recordando do ponto esquecido. Outra técnica ensinada é o chamado "fio da meada", que consiste em pegar o que você recorda da matéria, mesmo que seja algo distante do assunto específico e ir associando tudo o que estiver relacionado.

Por fim, não aconselho deixar questões em branco, exceto naquelas provas em que uma resposta incorreta anula uma certa e nas questões dissertativas, desde que não seja possível elaborar uma resposta razoável.

Programação mental

Quando eu era criança, meu avô me ensinou que, se eu colocasse o caderno embaixo do travesseiro na noite anterior à prova, eu assimilaria o conteúdo que tinha estudado para conseguir uma boa nota. Por mais bizarro que possa parecer, a verdade é que realmente funcionava. Com esse gesto simples, meu avô estava, sem saber, aplicando uma técnica de aprendizagem importantíssima: a programação mental. Claro que de nada adiantaria colocar o caderno sob o travesseiro se eu não tivesse estudado a matéria da prova, mas a verdade é que essa atitude tinha uma força sugestiva enorme e realmente funcionava para programar meu cérebro a assimilar o conteúdo estudado.

Uma coisa que poucas pessoas sabem é que é possível programar o cérebro para aprender. Algumas técnicas são altamente eficazes.

Faça uma sessão diária de auto-hipnose. Quando estiver em transe, adote a seguinte sugestão: "Quando eu acordar, sentirei uma profunda vontade de aprender. Meu cérebro estará desperto, concentrado e com grande poder de assimilação". Essa prática diária irá melhorar tremendamente seu aprendizado.

Procure familiarizar-se também com o uso de "âncoras". Crie uma âncora cinestésica relacionada à concentração e ao aprendizado para ser usada para estudar e assistir a aulas e palestras.

Use o recurso da mentalização. Imagine-se estudando e aprendendo toda a informação de que precisar.

Pense positivamente. Elimine qualquer resquício de pessimismo em relação à sua capacidade de apreender. Lembre-se de que seu córtex cerebral é um órgão que a natureza desenvolveu e dotou de uma enorme capacidade de assimilar informações.

Modelagem

A modelagem é uma forma de aprendizagem utilizada pela programação neurolinguística para reproduzir a excelência encontrada em algumas pessoas. Parte do pressuposto de que se uma pessoa pode fazer algo, todos podem aprender a fazê-lo também, o que implica compreender o "mapa mental" de uma pessoa de sucesso e copiar fielmente suas estratégias. É possível, portanto, atingir o mesmo nível de excelência de outra pessoa, considerada um modelo.

Modelar significa, portanto, tomar como modelo outra pessoa e adotar suas estratégias de sucesso. É uma forma de aprendizagem que elimina o processo de tentativa e erro, partindo de modelos de sucesso e reproduzindo suas estratégias.

É mais do que assimilação de comportamento. Implica utilizar as mesmas crenças e a mesma fisiologia do modelo, adotando inclusive seus padrões de comunicação.

Para uma modelagem bem-sucedida, é preciso prestar atenção aos mínimos detalhes de como realizar determinada ação, observando exaustivamente o modelo e registrando seus movimentos, gestos, expressões faciais, bem como suas crenças e ideias. Basicamente, a modelagem ocorre em três aspectos essenciais:

Crença: significa incorporar as crenças do modelo.

Fisiologia: significa incorporar os gestos, expressões faciais, respiração, maneira de falar e posturas do modelo.

Sintaxe: significa incorporar o padrão de linguagem do modelo escolhido.

Para que a modelagem funcione, é preciso abstrair as barreiras naturais que distinguem uma pessoa da outra. Deve-se imaginar que tudo é possível. Se houver um limite físico ou ambiental, o mundo da experiência irá sinalizar.

Memorização

Nosso cérebro é capaz de armazenar um volume de informações equivalente a vinte bilhões de livros. Com certeza não somos capazes de acessar tudo isso, mas podemos aumentar significativamente nossa capacidade de memorização usando a mnemônica, denominação que deriva da deusa grega da memória, Mnemosine.

As técnicas mnemônicas aumentam incrivelmente o poder da memória, mas para uma efetiva memorização é preciso que haja interesse, atenção e observação. Além disso, alguns fatores contribuem para a memorização: envolvimento emocional com o que vai ser lembrado, apelo visual – pois é mais fácil lembrar de uma imagem que de uma ideia –, conteúdo sonoro e caráter absurdo, pois, quanto mais absurda uma informação, mais facilmente será lembrada.

Vejamos agora algumas técnicas ou sistemas mnemônicos que serão úteis em sua vida pessoal, profissional, escolar e acadêmica.

PALAVRAS

Por meio da técnica de associação é possível lembrar de uma lista de palavras. Para que a associação funcione, é preciso observar o seguinte:

Imagem: faça uma associação com uma imagem e não com a palavra.

Emoção: crie uma imagem exagerada, ridícula, absurda, nojenta, sexual ou que inspire outra emoção qualquer, preferencialmente forte.

Ação: procure usar imagens em movimento, que estejam dentro de algum acontecimento.

Exagero: utilize proporções exageradas.

Presença: sempre que possível, coloque-se na cena.

Veja como é fácil memorizar 20 palavras com esse método: *cachorro, biblioteca, baralho, relógio, carro, mulher, churrasco, ventilador, juiz, cigarro, barco, restaurante, chinelo, maçã, televisão, camelo, chapéu, sorvete, vassoura, lustre.*

Imagine-se sendo mordido por um CACHORRO dentro de uma BIBLIOTECA repleta de cartas de BARALHO gigantes, que começam a jogar RELÓGIOS num CARRO que atropela violentamente uma MULHER que estava fazendo CHURRASCO usando um VENTILADOR ao invés de uma churrasqueira, quando aparece um JUIZ fumando um CIGARRO em forma de BARCO e entra num RESTAURANTE usando um CHINELO gigante e come uma MAÇÃ gigante que é servida numa TELEVISÃO sobre um CAMELO que tem um CHAPÉU com bolas de SORVETE e uma VASSOURA amarrada na sela para limpar o LUSTRE.

Procure visualizar cada imagem intensamente, como se estivesse realmente vendo, ouvindo e sentido as situações.

NÚMEROS

Há duas formas interessantes e práticas de memorizar números. O sistema pictórico e o sistema de "pregos".

No sistema pictórico, cada número corresponde a uma imagem.

0 – Bola
1 – Lápis
2 – Pato
3 – Ave
4 – Barco a vela
5 – Serpente
6 – Cachimbo
7 – Bumerangue
8 – Óculos
9 – Balão com fio

Com esse sistema, você pode associar imagens entre si para formar números, ou vice-versa. Por exemplo: o número do seguro de Lígia é 97481522.

Imagine LÍGIA voando num BALÃO atingido por um BUMERANGUE e caindo num BARCO A VELA e quebrando os ÓCULOS, depois usando um LÁPIS gigante para remar, e o LÁPIS se transforma numa SERPENTE que devora DOIS PATOS. Imagine intensamente essa cena e você não vai mais esquecer o número do seguro de LÍGIA.

O sistema de "pregos" destina-se a permitir a memorização de números. O objetivo é transformar números, que são ideias abstratas, em imagens concretas. Para isso, deve ser utilizado o seguinte alfabeto fonético:

Zero	R, RR	ZeRo
1	T	T tem uma barra, como 1, e lembra D
2	N, NH	N tem duas barras
3	M	M tem 3 barras
4	C (forte), Q, K	4 e r são semelhantes
5	V, L	5 em romano é V e 50 em romano é L
6	S, SS, C, ÇC, Z	Pelo som de seis
7	F	F lembra um 7 manuscrito
8	G, J, CH, X	G manuscrito lembra 8, que também é composto de linhas em x
9	P, B, D	Pela forma das letras p, b, d

Existem várias versões do alfabeto fonético, sendo que esse é uma modificação do que é apresentado por Harry Lorayne. Lembre-se de que esse é um alfabético fonético, portanto, deve ser levada em consideração a sonoridade e não a forma das letras. Com esse alfabeto, é possível formar uma lista de palavras que serão os "pregos". As vogais não têm valor na formação dos "pregos". Por exemplo:

1 – Teia

2 – Noé

3 – Mãe

4 – Cão

5 – Lua

Fonte: Wikipedia

6 – Osso
7 – Fio
8 – Águia
9 – Pião
0 – Aro

Pode-se utilizar o alfabeto de várias formas:

1. Transformando os números em palavras e associando-as. Exemplo: a senha do e-mail de Lúcia é 32548691. Imagine Lúcia no colo da MÃE (3), na Arca de NOÉ (2), quando cai sobre elas a LUA (5), que está na mandíbula feroz de um CÃO gigante (4), que é atacado por uma ÁGUIA (8) feita de OSSO (6) que tem um PIÃO no bico (9) e é apanhada numa TEIA (1). Imaginando vividamente essa ligação certamente Lúcia não esquecerá sua senha.
2. Transformando números em palavras. Exemplo: a senha numérica 67521 pode ser lembrada facilmente quando substituída pela palavra eSFoLiaNTe.

É possível, ainda, ampliar a lista de palavras, criando uma infinidade de "pregos". Assim, também é possível associar palavras a esses pregos para lembrar com exatidão o número e a palavra respectiva, o que é importante quando se faz necessário lembrar de palavras ou tarefas numa ordem específica. Vamos ver como ficaria uma lista de 20 "pregos".

0 – Aro
1 – Teia
2 – Noé

3 – Mãe

4 – Cão

5 – Lua

6 – Osso

7 – Fio

8 – Águia

9 – Pião

10 – TaRô

11 – TaTu

12 – TuNa

13 – TiMe

14 – TaCo

15 – TV

16 – TaÇa

17 – TuFão

18 – Táxi

19 – TuBa

20 – NeRo

Com essas 20 palavras, você pode criar associações e saber exatamente a ordem específica de cada coisa a ser lembrada. Imagine que tem que se lembrar de 20 palavras-chave de um discurso. Basta associar cada uma dessas palavras-chave ao seu "prego" respectivo.

Também é possível dar uma incrível demonstração de memória da seguinte forma: peça para alguém escrever 20 palavras, uma abaixo da outra, dizendo em voz alta cada uma delas. À medida que cada palavra é dita, associe ao "prego" respectivo. Depois, peça para a pessoa numerar as palavras de 1 a 20. Então, peça-lhe que diga qualquer número e você dirá a palavra respectiva. Ou, ao contrário, a pessoa diz a palavra e você fala o número.

Tente criar um número indefinido de "pregos". Você pode chegar a 100. Com esse material você poderá fazer associações que lhe garantirão uma memória incrível.

ROSTOS E NOMES

Para memorizar o nome de alguém, basta seguir dois passos simples:

1. Associe o nome a algo semelhante ou conhecido. Exemplo: Vitória – lembre-se de uma vitória-régia.
2. Associe essa imagem a alguma característica marcante no rosto da pessoa. Exemplo: olhos muito grandes. Imagine essa pessoa com duas vitórias-régias no lugar dos olhos.

PALÁCIO DA MEMÓRIA

O palácio da memória é uma técnica simples que permite ligar palavras e objetos estranhos a um lugar conhecido em nossa memória. Você deve imaginar um lugar com muitas dependências que seja familiar para você: sua casa, seu local de trabalho, seu clube, sua escola ou faculdade etc.

Monte um percurso por esse lugar. O percurso pode conter ambientes externos, como o jardim, o condomínio e até o trajeto para o local. Agora, você deve percorrer mentalmente esse percurso fixando bem cada ponto. Se for sua casa, comece pelo portão, depois o jardim, a porta de entrada, vá para a sala, depois para o banheiro, depois para cada um dos quartos, seguindo para a cozinha, o quarto de hóspedes, o quintal etc. O importante é que o percurso seja sempre o mesmo. Agora, sempre que precisar se lembrar de algo, você deverá associar essa informação ao local do palácio da memória. Lembre-se de fazer associações que tenham envolvimento emocional com o que vai ser lembrado, apelo visual – pois é mais fácil lembrar-se de uma imagem que de uma ideia –, conteúdo sonoro e caráter absurdo, pois, quanto mais absurda uma informação, mais facilmente será lembrada.

RESUMO

1. Aprender é uma condição natural da mente humana, independentemente de qualquer esforço, graças à neuroplasticidade.

2. Transforme dados em emoções para aprender emocionalmente.

3. A mente aprende melhor quando está relaxada.

4. A concentração reduz o tempo de aprendizagem.

5. O aprendizado acontece em etapas: planejamento, visão geral, captação, recuperação, consolidação e revisão.

6. Administrar o tempo é fundamental à aprendizagem.

7. Aprenda a ler de maneira eficaz, sem subvocalizar ou fixar a visão, reduzindo os pontos de parada, para ler com mais rapidez e maior assimilação.

8. Use técnicas de estudo e de memorização para passar em provas e concursos.

9. Use a programação mental e a modelagem para aumentar seu poder de aprendizado.

SEGREDO Nº 10

SAÚDE MENTAL

"O segredo da saúde mental e corporal está em não se lamentar pelo passado, não se preocupar com o futuro, nem se adiantar aos problemas, mas viver sábia e seriamente o presente."

– Buda

Abraham Lincoln disse que, se tivesse oito horas para cortar uma árvore, gastaria seis afiando o machado. Nosso "machado" é nosso aparelho mental, a maior maravilha biológica da natureza. Para ter um bom desempenho, o cérebro, como qualquer órgão do corpo humano, precisa de cuidados. O mais fantástico é que esses cuidados são muito simples, resumindo-se a uma alimentação equilibrada, exercícios físicos e controle do estresse. Siga essas dicas para manter a mente sempre em boas condições de saúde. Não esqueça que cuidar do corpo também é cuidar da mente, pois mente e corpo fazem parte do mesmo sistema.

Antes de tudo, o mais importante: tome água. Beber bastante água faz com que todo o organismo fique mais equilibrado e resistente. A água é essencial ao bom funcionamento da mente, pois esta é formada de aproximadamente três quartos de água. A quantidade de água que se deve beber depende da constituição física, do nível de atividade e da umidade do ar, sendo que perdemos uma quantidade significativa de água por meio da respiração, transpiração e urina. Os especialistas recomendam que se beba aproximadamente dois litros de água por dia, que devem ser ingeridos em porções e intervalos regulares para uma reposição gradual do líquido eliminado. Geralmente, temos recomendado um a dois copos ao levantar-se, e o restante distribuído nos intervalos entre as refeições, até trinta minutos antes de cada refeição e uma a duas horas após para que não haja prejuízo em termos de perda de nutrientes ou má digestão. O homem pode passar até 28 dias sem comer, mas apenas três dias sem água.

Antes de qualquer atividade mental importante, procure evitar refeições pesadas, que atrapalham o funcionamento da mente porque recrutam muito sangue para o processo de digestão.

Salmão, atum, cavalinha, sardinha e outros frutos do mar são ricos em ômega-3 e outros nutrientes essenciais para a saúde mental.

Folhas verdes e vegetais crus contêm antioxidantes, como vitamina C e betacarotenos, extremamente saudáveis para a mente. Abacate, nozes e sementes contêm outro importante antioxidante: vitamina E. Chocolate do tipo dark, com pelo menos 70% de cacau, contém flavonoides, que também são antioxidantes benéficos ao cérebro. Outros alimentos ricos em flavonoides são maçã, uva, vinho tinto e cebola. Os antioxidantes também estão nas frutas vermelhas. Embora o mecanismo não seja inteiramente conhecido, alguns cientistas acreditam que elas ajudam a produzir conexões sadias entre as células.

Grãos integrais ajudam a estabilizar os níveis de glicose, favorecendo o funcionamento cerebral.

O café, em razão da cafeína, é outra substância que pode ser benéfica se consumida moderadamente. Em excesso, porém, pode dificultar a concentração.

As bebidas alcoólicas devem ser consumidas em pequenas quantidades, pois em demasia podem causar inúmeros transtornos e inclusive levar à morte.

Respirar profundamente é um hábito excelente. Maior quantidade de ar nos pulmões gera maior oxigenação do cérebro. Respirando profundamente pelo nariz você usará melhor o diafragma. Diversas respirações profundas ajudam a relaxar e clarear a mente.

Exercícios físicos regulares, especialmente aeróbicos, são essenciais ao bom funcionamento do cérebro, pois proporcionam melhoria da circulação sanguínea. Acostume-se também a exercitar a mente por meio de jogos, quebra-cabeças, xadrez, leitura e matemática.

Cigarro e outras drogas são expressamente proibidos para quem deseja ter uma saúde mental perfeita. Mesmo em relação à maconha, cujo consumo tem sido admitido em alguns países, não há consenso científico sobre as repercussões na saúde mental, embora seu uso medicinal seja amplamente aceito pela comunidade científica.

Algumas substâncias, como ginkgo biloba, são extremamente benéficas ao funcionamento cerebral. Vitaminas e suplementos podem melhorar extraordinariamente o desempenho mental, mas é importante que sua ingestão seja previamente recomendada por um profissional da medicina.

Finalmente, não há nada mais pernicioso para a mente do que o estresse. Além de afetar as atividades cerebrais, o estresse aumenta o risco de câncer e infarto, enfraquece o sistema imunológico e causa inúmeras outras disfunções. O controle do estresse pode ser obtido por meio das técnicas de gestão de estados emocionais, auto-hipnose e meditação.

A meditação vem recebendo o aval da comunidade científica, que comprovou os seguintes benefícios, entre outros:

- Fortalecimento do sistema imunológico
- Maior equilíbrio emocional
- Melhora do desempenho sexual
- Redução da síndrome do intestino irritável
- Regulação da pressão arterial
- Efeito anti-inflamatório
- Melhora do desempenho das funções mentais

Meditar é muito simples, e existem várias técnicas. Há níveis avançados de meditação, mas já é possível sentir seus benefícios começando com os seguintes passos:

1. Reserve o mesmo horário para meditar todos os dias.
2. Limite um período de meditação, começando com poucos minutos por dia – cinco ou dez são suficientes.
3. Procure um lugar silencioso e peça para não ser interrompido.
4. Sente-se numa posição confortável, que não precisa ser necessariamente a posição de lótus adotada na tradição oriental.
5. Mantenha uma postura ereta e firme.
6. Concentre-se na respiração e procure não pensar em nada – os budistas dizem que é difícil acalmar o "macaco louco da mente", mas não se preocupe com isso no início, limitando-se a concentrar-se na respiração. Tente inspirar com uma narina e expirar com a outra, depois inverta e finalmente inspire e expire com as duas, pois isso o ajudará a concentrar-se na respiração apenas.

A meditação pode parecer difícil inicialmente, pois nossa mente está acostumada a divagar. Quando isso acontecer, limite-se a retomar o foco. Com o tempo e com a prática, porém, a mente se acostumará a manter-se focada na respiração.

Não esqueça, por fim, de que a saúde mental depende do equilíbrio de forças entre o organismo e o meio ambiente. Procure manter sua vida social e financeira equilibrada, dedicando-se ao trabalho apenas o suficiente e mantendo espaço na agenda para momentos alegres e descontraídos.

RESUMO

1. Cuide de sua mente com alimentos saudáveis e exercícios.

2. Beba dois litros de água por dia em intervalos espaçados.

3. Fique longe das drogas e outros vícios.

4. Controle a ansiedade e o estresse.

5. Pratique meditação.

SEGREDO Nº 11

AÇÃO E REAÇÃO

"A cada um segundo suas obras."
– Citação bíblica

Com certeza você já se fez a seguinte pergunta: qual o sentido da vida? Acredito que o sentido da vida é o que você decide dar a ela. Tenho certeza de que os ensinamentos deste livro podem ajudá-lo a transformar sua vida pessoal e profissional. Mas nada do que foi ensinado trará resultados se você fechar o livro e ficar inerte em sua zona de conforto.

Ninguém precisa ser um religioso convicto para entender um dos trechos mais repetidos da Bíblia, que diz o seguinte: "A cada um segundo suas obras" (Romanos 2:6; Jó 34:1; Salmos 62:12; Isaías 3:10-11; Jeremias 17:10; Jeremias 32:19; Ezequiel 18:30; Ezequiel 36:19; 2 Timóteo 4:14; Mateus 17:27; Mateus 25:34; 1 Coríntios 3:8; 1 Coríntios 4:5; 2 Coríntios 5:10; 2 Coríntios 11:15; Provérbios 24:12; Eclesiastes 3:14).

Toda transformação exige AÇÃO. Ação gera transformação, com base na Lei de Causa e Efeito, também conhecida como Lei da Ação e Reação, que constitui o sexto princípio da filosofia hermética, assim enunciado:

> *Toda causa tem seu efeito, todo efeito tem sua causa; tudo acontece de acordo com a lei; o acaso é simplesmente um nome dado a uma lei não reconhecida; há muitos planos de causalidade, porém nada escapa à lei.*

No hinduísmo e no budismo, essa lei é conhecida como carma. As coisas que recebemos, sejam boas ou ruins, alegres ou tristes, são produto de nossas ações, que, por sua vez, são geradas pelo pensamento.

Num livro de 1902 chamado *O homem é aquilo que ele pensa*, James Allen escreveu: "Bons pensamentos e ações jamais poderão produzir maus resultados. Maus pensamentos e ações jamais poderão produzir bons resultados. Os homens entendem essa lei no mundo natural e trabalham com ela. Mas poucos a entendem no mundo mental e moral (embora sua operação lá seja igualmente simples e inevitável), e eles, portanto, não cooperam com ela." Há milênios, em seus ensinamentos, Buda mencionou isso, dizendo que "o que somos é o resultado do que pensamos".

Portanto, nossas conquistas são resultado do que fazemos e do que pensamos. A PNL ensina a agirmos "ecologicamente". Isso significa que devemos medir como nossas ações afetam as outras pessoas. Atingir objetivos não significa conquistar, e sim conseguir. De nada adianta atingir objetivos à custa da infelicidade das pessoas. Por outro lado, de nada adianta adquirir conhecimentos se não atingirmos nossos objetivos. É o que você faz que conta. Lembre-se da segunda regra do pensamento: todo pensamento, desde que possível, tende a se realizar em 100% das vezes.

Ciclo do sucesso

Conforme disse Deepak Chopra, "são muitos os aspectos do sucesso; os bens materiais são apenas um de seus componentes. Além disso, o sucesso é a jornada, não o destino. A abundância material, em todas as suas expressões, é um dos fatores que tornam a jornada mais prazerosa. Mas o sucesso inclui saúde, energia, entusiasmo pela vida, relacionamentos compensadores, liberdade criativa, estabilidade física, emocional, bem-estar e paz de espírito" (*As sete leis espirituais do sucesso*).

O ciclo do sucesso sempre começa com o pensamento, transforma-se em ação, gerando um resultado e impondo gratidão. Tenha em mente isso e não deixe de acreditar. Não fique esperando milagres: seja você o protagonista deles. Faça os milagres acontecerem a partir do ciclo do sucesso:

PENSAMENTO POSITIVO › AÇÃO POSITIVA › RESULTADO POSITIVO › GRATIDÃO POSITIVA

Pensamento positivo é a atitude de otimismo perante a vida, utilizando o amuleto de nossa mente do "lado certo" (AMP), conforme ensinado por Napoleon Hill no livro *Atitude mental positiva*.

No livro *Os 7 hábitos das pessoas altamente eficazes*, Stephen Covey diz que a primeira criação ocorre na mente. É disso que trata o pensamento positivo, que nada mais é do que a primeira criação daquilo que desejamos que ocorra no plano material. É essencial ter em mente um objetivo definido e pensar plasticamente sobre ele, imaginando que já se realizou.

Qualquer pessoa pode realizar uma ação, mas nem sempre esta será uma ação positiva, pois muitas vezes as pessoas agem sem a mínima noção do que estão fazendo ou se estão no caminho certo. Uma ação positiva significa planejamento, flexibilidade e ecologia. O planejamento é essencial em qualquer realização, pois é graças a ele que podemos compreender o caminho e os passos a serem seguidos. A ação deve ser flexível. Flexibilidade significa a capacidade de contornar os obstáculos ao invés de enfrentá-los. Os seres humanos sobreviveram a tantas dificuldades no planeta graças à capacidade de se adaptar. A PNL ensina o seguinte: "Se o que você está fazendo não funciona, faça outra coisa. Você só obterá os mesmos resultados se continuar a fazer o que sempre fez". Conforme ensinou Lao Tsé: "Contorne os obstáculos, não os enfrente. Não lute para conseguir. Espere o momento certo". Finalmente, uma ação positiva deve ser ecológica, isto é, respeitar o interesse das demais pessoas.

Resultado positivo é o produto de nossos pensamentos e ações. É nosso objetivo alcançado, ou nossa meta finalizada. Qualquer coisa pode ser obtida com pensamento positivo e ação positiva. Como disse Walt Disney: "Se você pode sonhar, você pode fazer".

A gratidão é uma atitude poderosa, muito praticada em algumas culturas. Nossa vida está repleta de coisas dignas de gratidão. Devemos manifestar gratidão por cada objetivo alcançado. Não precisamos fazer uma oração ou uma oferenda, pois o que importa é a intenção. A gratidão positiva não é uma atitude religiosa ou mística, mas uma intenção sincera que pode ser uma celebração ou um simples pensamento. É a expressão de generosidade perante a vida e perante os outros por termos realizado nosso desejo.

Sucesso é meta

No livro *Psicocibernética*, Maxwell Maltz disse que "o homem é, por natureza, um ser que persegue objetivos. E, por ser assim, ele não fica satisfeito enquanto não estiver funcionando da forma como deveria, ou seja, como um ser que persegue objetivos. Portanto, o verdadeiro sucesso e a verdadeira felicidade não apenas andam juntos como se reforçam mutuamente".

Transforme seu sonho ou necessidade em um objetivo definido, isto é, uma meta. Imagine que você tenha o sonho de realizar uma viagem. Você deve transformar isso em uma meta e colocar um prazo razoável para realizá-la. Depois, escolher as ações necessárias para atingir a meta, estabelecendo prazos para realizar cada uma. Segundo Maxwell, "até onde diz respeito às suas funções, o cérebro e o sistema nervoso formam uma maravilhosa e complexa 'máquina de perseguir objetivos', um sistema automático de orientação que trabalha para você como uma 'máquina de sucesso' ou contra você como uma 'máquina de fracasso', dependendo de como 'você', o operador, a opera e os objetivos que estabeleceu para ela".

O trabalho com metas é muito fácil e pode ser assim resumido:

Estabeleça o que você quer de forma clara e objetiva. Essa é a sua meta. Uma meta deve ser específica, mensurável, atraente, realista e com tempo determinado. A palavra americana para lembrar disso é SMART:

- **S** – Específica: uma meta deve ser específica, evitando-se metas genéricas do tipo "quero melhorar a saúde". Estabeleça qual o critério de saúde a ser conquistado: reeducação alimentar, exercícios, emagrecimento etc.
- **M** – Mensurável: deve ser possível medir a meta, quantificá-la ou, pelo menos, torná-la passível de evidências concretas. Por exemplo: ao invés de dizer "eu quero emagrecer", diga "eu quero perder dez quilos".
- **A** – Atraente: a meta deve ser atraente para você e não apenas para os outros. Estabeleça como meta algo que você entende que seja bom para você.
- **R** – Realista: a meta deve estar de acordo com sua realidade de vida e depender minimamente de fatores que fujam ao seu controle. Ganhar na loteria, portanto, não pode ser uma meta, mas você pode ter como meta abrir um negócio ou economizar um milhão de reais.
- **T** – Tempo: toda meta deve estar sujeita a um prazo razoável. Você não pode querer perder dez quilos em trinta dias porque isso não é razoável. Mas pode estabelecer a meta de perder dois quilos por mês.

Após definir sua meta, estabeleça ações concretas que irão levá-lo até ela, fixando prazos razoáveis para sua realização. Para facilitar, você pode responder às seguintes perguntas:

- O que eu posso fazer para atingir a meta?

- Quando vou realizar cada uma dessas ações?
- O que pode me impedir?
- O que vou fazer para eliminar o que pode me impedir?
- Quando vou realizar cada uma dessas ações?

Faça mais com menos

Nossa cultura associa trabalho a esforço e sofrimento. A própria palavra trabalho é derivada do latim *tripalium*, um tipo de tortura feita com três paus fincados no chão. Desde cedo somos ensinados que, quanto mais trabalhamos, mais sucesso atingimos. Isso transforma o trabalho, muitas vezes, em algo penoso. Tenho ensinado as pessoas a se sentirem motivadas no trabalho simplesmente transformando a ideia de trabalho em missão. As pessoas precisam compreender o que o seu trabalho significa para os outros, pois a verdade é que todo trabalho gera algum tipo de benefício para outras pessoas e transcende uma tarefa pessoal, por mais simples que seja. Trabalho é sempre uma missão!

O princípio védico de economia de esforço diz: "Faça menos e realize mais". Essa ideia está de acordo com o pensamento de Richard Koch, exposto no livro *O princípio 80/20: o segredo de se realizar mais com menos,* que expressa um princípio comprovado, embora totalmente ignorado pelas pessoas em geral: 80% dos resultados vêm de apenas 20% dos esforços, ou seja, em termos práticos, a maior parte das vendas virá de apenas 20% da linha de produtos.

Esse princípio foi destacado originalmente pelo economista italiano Vilfredo Pareto, sendo conhecido também como Lei de Pareto ou Lei do Menor Esforço. Tem sido a base para os consultores de gestão estratégica e foco de muitas empresas bem-sucedidas. Não se trata de uma teoria, mas de uma observação da realidade.

Aplicado à vida pessoal, esse princípio significa que 80% da felicidade vem de 20% do seu tempo. Segundo Richard Koch, "o princípio 80/20, como verdade, pode libertá-lo. Você pode trabalhar menos e, ao mesmo tempo, ganhar e aproveitar mais". Segundo Deepak Chopra, "a inteligência da natureza opera pela lei do mínimo esforço... sem ansiedade, com harmonia e amor. E, quando utilizamos as leis da harmonia, da alegria e do amor, atraímos sucesso e boa sorte facilmente" (*As sete leis espirituais do sucesso*).

Os 7 hábitos

No livro *Os 7 hábitos das pessoas altamente eficazes*, Stephen Covey apresenta um conjunto de comportamentos que devem ser desenvolvidos no campo pessoal e profissional, que podem ser assim resumidos:

1. **Seja proativo:** é o primeiro hábito, que implica responsabilidade por nossa vida e seus acontecimentos, pois não somos uma máquina reativa, mas seres proativos. Segundo Covey, "o Hábito 1 diz: Você é o criador. Você está no comando. Ele se baseia nos quatro dons exclusivamente humanos: imaginação, consciência, vontade independente e, em particular, autoconsciência. Ele lhe dá o poder de dizer: esta é uma receita errada que me ensinaram desde a infância em meu espelho social. Não gosto do roteiro eficaz. Eu posso mudar".
2. **Comece com um objetivo em mente:** o Hábito 2 é a criação mental, com base na imaginação e na consciência.
3. **Primeiro o mais importante:** o Hábito 3 é a segunda criação, que é a criação física. É a realização, a transformação em realidade, a emergência natural dos hábitos 1 e 2. A criação mental, sem a criação física, de nada serve.
4. **Pense em vencer-vencer:** o sucesso de uma pessoa não precisa significar o fracasso de outra. Covey propõe a utilização da mentalidade Ganha-Ganha ao invés da mentalidade Ganha-Perde.

5. **Procure primeiro compreender, depois ser compreendido:** sem empatia, não há influência. Escutar genuinamente proporciona um ar psicológico precioso aos outros e abre uma janela em suas almas.
6. **Sinergizar:** o Hábito 6 indica que o todo é maior que a soma das partes. A relação estabelecida entre as partes é não apenas uma parte, mas uma parte mais catalítica, mais poderosa, mais unificadora e mais excitante. As formas mais desenvolvidas da sinergia concentram-se nos quatro dons exclusivamente humanos (autoconhecimento, imaginação, consciência e vontade independente), na motivação Ganha-Ganha e nas habilidades da comunicação empática.
7. **Afine o instrumento:** o Hábito 7 significa preservar e melhorar o seu bem mais precioso – você mesmo –, renovando as quatro dimensões de sua natureza: física, espiritual, mental e social-emocional.

As ações de Benjamin Franklin

Benjamin Franklin foi considerado o primeiro empresário dos Estados Unidos e se tornou uma das pessoas mais famosas da história. Aos 42 anos, já era rico o suficiente para se aposentar, mas realizou várias atividades e fez experimentos com a eletricidade, inventando o para-raios. Em sua *Autobiografia*, listou as treze qualidades que pretendia ter:

1. **Temperança**. Não coma até se fartar. Não beba até ficar bêbado.
2. **Silêncio.** Fale somente o que pode beneficiar os outros ou a si mesmo. Evite conversas triviais.

3. **Ordem.** Permita que todas as suas coisas tenham lugar certo. Que cada parte do seu negócio tenha o próprio tempo.
4. **Resolução.** Resolva o que deve fazer e execute sem falhas o que você resolver.
5. **Frugalidade.** Gaste somente o que fará o bem aos outros ou a si mesmo, ou seja, evite o desperdício.
6. **Diligência.** Não perca tempo. Esteja sempre empregado em algo útil. Exclua todas as ações desnecessárias.
7. **Sinceridade.** Não engane. Pense inocente e justamente; se falar, fale de acordo com esse preceito.
8. **Justiça.** Não fale mal dos outros por meio de injúrias ou pela omissão dos benefícios que configuram o seu dever.
9. **Moderação.** Evite os extremos. Ressinta-se por algum tipo de injúria somente o quanto considerar que ela merece.
10. **Higiene.** Não tolere nenhuma impureza no corpo, nas roupas ou na habitação.
11. **Tranquilidade.** Não se deixe perturbar com ninharias ou com acidentes comuns ou inevitáveis.
12. **Simplicidade.** Seja raramente indulgente, com exceção da saúde dos filhos; nunca seja indulgente com a preguiça, fraqueza ou injúria à sua paz ou reputação, ou à de outra pessoa.
13. **Humildade.** Imite Jesus e Sócrates.

Enfrentando problemas

Os antigos romanos tinham um ditado que dizia: *solvitas perambulum* (resolva os problemas caminhando). Realmente, a vida não para quando os problemas surgem. Devemos ter em mente que sempre, em nossa vida, teremos que continuar seguindo em frente enquanto resolvemos nossos problemas, por mais difíceis que pareçam. Muito de nós gostariam de ter um controle remoto, como no filme *Click*, que pulasse as partes ruins da vida. Mas mesmo no filme isso não deu certo porque ter "partes ruins" é inerente à nossa existência, condição de nossa evolução. Diversas tradições veem os problemas como virtudes cármicas e oportunidades de reeducação espiritual.

O budismo ensina o seguinte: "Se um problema tem solução, não há por que se preocupar com ele; se não tem, então não adianta se preocupar".

Stephen Covey, no livro *Os 7 hábitos das pessoas altamente eficazes*, ensina a estabelecer um círculo de preocupação, colocando lá todos os assuntos que nos preocupam: saúde, filhos, problemas profissionais, dívidas, guerras etc. Ao olhar esse círculo, percebemos que há situações sobre as quais não há nada que possamos fazer, enquanto algumas podem ser modificadas. Então, devemos separar essas situações das outras, criando um círculo de influência, um pouco menor. Devemos focar nossa energia nos assuntos que estão no círculo de influência, pois são aqueles que podemos modificar.

Os seres humanos solucionam problemas desde seus primeiros passos sobre o planeta. Solucionar problemas, portanto, é uma habilidade natural da mente. Acredite na capacidade da mente em resolver problemas, e naturalmente a mente irá trabalhar nisso.

Não esqueça do poder de sua Mente Oculta, que está constantemente "ligada" e, portanto, trabalhando. Antes de dormir, peça ajuda à sua Mente Oculta na solução de algum problema. Adormeça com o seguinte pensamento: "Peço ajuda para solucionar...", especificando o problema e deixando sua mente trabalhar.

Uma última dica: evite a tentação de procurar culpados, pois isso é gasto inútil de energia. Mantenha o foco na solução do problema.

O poder da caridade

A caridade é uma atitude de constante envolvimento com o bem-estar das outras pessoas. Significa identificar as necessidades dos outros e ajudá-los.

Você não precisa esperar que um mendigo peça ajuda ou que uma inundação deixe milhares de pessoas desabrigadas para praticar caridade. É uma virtude que pode ser exercida a cada momento, com cada pessoa que encontramos. É acima de tudo um estado mental constante de amor e solidariedade.

Veja o exemplo de Benjamin Franklin, que tinha o hábito de fazer uma pergunta para si mesmo ao acordar e outra antes de dormir. Ao acordar, ele perguntava: "Que boa ação farei hoje?"; antes de dormir, a pergunta era: "Que boa ação fiz hoje?".

No livro *As sete leis espirituais do sucesso*, Deepak Chopra ensina que devemos dar presentes a todas as pessoas que encontrarmos. Esse presente pode ser um cumprimento, uma flor, uma oração, ou seja, devemos oferecer alguma coisa a todas as pessoas com as quais entrarmos em contato. Dessa forma, estaremos desencadeando o processo de circulação de energia, de alegria, de riquezas, de abundância em nossa vida e na de outras pessoas. Chopra diz textualmente que "a segunda lei espiritual do sucesso é a lei da doação. Ela poderia também ser chamada de a lei do dar e receber, porque o universo opera por meio de trocas dinâmicas. Nada é estático. Por exemplo, seu corpo está em constante intercâmbio dinâmico e constantemente com a mente do cosmos. Sua energia é expressão da energia cósmica".

Segundo o Dalai Lama, a natureza fundamental do ser humano é a gentileza. A caridade é a forma de expressar a natureza humana em cada interação e em qualquer relacionamento. Numa passagem de *O profeta*, Khalil Gibran disse o seguinte: "Só quando doais a vós mesmos é que doais verdadeiramente".

O mais interessante é que as pessoas que têm o hábito de ajudar as outras são mais felizes. Recentemente, a neurociência descobriu que ajudar ativa o circuito dopaminérgico, ou seja, ajudar faz bem não só para quem recebe ajuda, mas principalmente para quem presta auxílio.

Gerar riqueza

A geração de riqueza é uma forma de agir positivamente. Algumas pessoas, influenciadas por aspectos culturais, não se preocupam com suas finanças, pois pensam que "dinheiro não traz felicidade" ou que nunca poderão ficar ricas com o que ganham. Na verdade, qualquer pessoa pode gerar riqueza, não importando seu salário. Ao gerar riqueza com responsabilidade, a pessoa impulsiona a economia e cria recursos que irão ajudar outras pessoas.

A primeira estratégia que alguém precisa ter para gerar riqueza é mudar sua forma de pensar. Os problemas financeiros são causados pela forma como pensamos. Nunca é tarde demais para construir um patrimônio. A primeira coisa a ser feita é adquirir algum conhecimento financeiro. Um dos melhores livros sobre o assunto é *Pai rico, pai pobre*, de Robert T. Kiyosaki.

É fundamental entender que, se uma pessoa gasta mais do que ganha, não está gerando riqueza. Faça um orçamento para saber exatamente quanto você ganha e quanto gasta. Você precisa substituir passivos por ativos. Ativos colocam dinheiro no seu bolso, enquanto os passivos retiram. O objetivo ao criar riqueza é fazer circular mais dinheiro em seus ativos do que em suas despesas. Se os seus investimentos geram mais dinheiro que seu custo de vida, você já está no caminho da geração de riqueza. Elimine dívidas de cartão de crédito e troque dívidas ruins por dívidas boas. Uma dívida boa é aquela usada para financiar ativos geradores de receita, como bens imobiliários ou para montar um negócio. Tenho um amigo que comprou na planta um apartamento em Paris e o manteve alugado. Com o dinheiro do aluguel pagou as prestações. Hoje, o apartamento está quitado, e ele não tirou um centavo do bolso para comprar o imóvel, pois a entrada foi paga pelos aluguéis recebidos após a quitação.

No livro *Quem pensa enriquece,* Napoleon Hill escreveu que a riqueza começa em forma de pensamento. Não existem limitações para a mente, exceto as que nós mesmos reconhecemos. Riqueza e pobreza são produtos do pensamento. Segundo ele, o método pelo qual o desejo de riqueza pode ser transformado em seu equivalente financeiro fundamenta-se em seis passos práticos e definidos.

1. Fixe em sua mente a quantia exata que você deseja. Não basta dizer apenas: "Eu quero muito dinheiro". Determine qual o montante.
2. Declare exatamente o que pretende dar em troca do dinheiro que receber (nada vem de graça).
3. Estabeleça uma data definida na qual pretende possuir a importância desejada.
4. Elabore um plano detalhado para a realização do seu desejo e comece imediatamente, quer se considere ou não em condições de colocá-lo em ação.
5. Redija um documento declarando precisa e claramente a quantia que quer conseguir, determinando o prazo limite, especificando o que pretende dar em troca e descrevendo em detalhes o plano a ser posto em prática para juntar o dinheiro.
6. Leia a declaração escrita em voz alta, duas vezes por dia: uma antes de deitar-se à noite, outra pela manhã, ao levantar. Enquanto lê, acredite que o dinheiro já está em seu poder. Veja e sinta a cena.

Foco

O foco é uma das grandes armas na luta pela realização de nossos objetivos. Foco não é motivação nem disciplina, e sim a capacidade de fixar sua mente e sua energia no que está fazendo neste momento. O foco garante a permanência em uma tarefa até que esteja pronta, economizando tempo e energia com grande aumento de eficiência. Às vezes, nos preocupamos com as coisas que temos para fazer depois, perdendo o foco do que temos para fazer agora.

A primeira coisa a fazer para manter o foco é eliminar distrações, começando por desligar-se dos equipamentos eletrônicos, em especial do telefone e das redes sociais.

Don Crowther ensina uma técnica de foco de "48 minutos" que pode parecer difícil no começo, mas que é muito fácil de ser assimilada com a prática habitual. Quando há algo importante a ser feito, devemos eliminar as distrações e manter nossa mente fixa na tarefa durante 48 minutos, usando um cronômetro para marcar o tempo. Depois desse período, podemos caminhar ou fazer outra coisa agradável durante 12 minutos e, se necessário, repetir os 48 minutos de foco na atividade a ser desempenhada.

Lembre-se de que a desordem é inimiga do foco. Um ambiente de trabalho organizado favorece a concentração, pois elimina distrações e cria uma atmosfera leve e agradável.

Para ficar focado, concentre-se em uma coisa de cada vez e comece qualquer tarefa como se fosse a mais importante do dia, alternando entre tarefas de baixa intensidade e de alta intensidade.

Não esqueça de dedicar tempo às coisas que causam preocupações. "Empurrar com a barriga", isto é, procrastinar a solução de problemas ou as tarefas mais tediosas, só tende a tornar as coisas mais difíceis.

Assuma sua identidade

Embora eu estivesse acostumado a ministrar aulas na Fundação Escola Superior do Ministério Público, quando assumi o cargo de presidente percebi que meus conhecimentos jurídicos, minhas experiências profissionais e quase duas décadas de docência pouco serviriam para implementar práticas de gestão eficazes. Apesar de ser um ambiente acadêmico extremamente qualificado, a Fundação estava passando por dificuldades financeiras que precisavam ser saneadas. Foi preciso assumir uma nova identidade para poder desempenhar o papel de presidente. Graças a isso, em pouco tempo substituí o jargão jurídico pelo da administração, passando a me comportar como gestor de uma instituição de ensino, adquirindo e produzindo conhecimentos específicos. Rapidamente os resultados apareceram na gestão de pessoas, nos processos internos, no marketing e, especialmente, nos aspectos financeiros.

Assumir uma nova identidade implica mudanças internas que irão se projetar externamente. É preciso pensar como a pessoa que você quer ser. Ao dizer e aceitar que "eu sou presidente", o cérebro automaticamente começa a trabalhar para realizar esse pensamento, gerando comportamentos compatíveis com a nova identidade.

No livro de Gary Bertwistle intitulado *Quem roubou minha motivação?*, há um conselho muito importante: seja uma marca. Isso significa fazer propaganda de si mesmo às pessoas certas, usando os seguintes passos:

1. Defina para quem você precisa se promover.
2. Defina em uma frase o que você faz.
3. Defina por que você é diferente, o que torna você único em comparação a qualquer outra pessoa que possa realizar o trabalho (tente resumir em uma palavra).
4. Como você fará com que as pessoas saibam? Como demonstrará isso ou se promoverá para as pessoas de posição superior à sua ou aos colegas de trabalho?

Defina essas questões e aja de forma que as pessoas certas percebam claramente o que você é e o que você faz.

Por onde começar

Buda ensinou que "sua tarefa é descobrir o seu trabalho e então dedicar-se a ele de todo o coração". Se você já sabe o que fazer ou por onde começar sua transformação pessoal, ótimo. Mas, se não sabe, experimente usar a "roda da vida".

A roda da vida é uma ferramenta muito utilizada no processo de coaching para a definição de metas, podendo ser usada para atingir uma vida mais equilibrada. Consiste num círculo dividido em quatro áreas: qualidade de vida, pessoal, relacionamentos e profissional. Cada área, por sua vez, é dividida em assuntos. Defina seu nível de satisfação em cada um dos assuntos, pintando de 1 a 10 com lápis ou caneta. Seja o mais honesto possível, e você terá um panorama de como está a sua vida em todos os aspectos. A partir disso, é possível melhorar seu nível de satisfação em cada aspecto, respondendo às perguntas específicas do assunto cujo nível de satisfação deseja ver aumentado.

Assunto: ______________________________

Qual o seu nível atual de satisfação em relação a essa área?

Que fatores contribuíram para essa pontuação?

Que nível você considera ideal?

Que ações você irá adotar para atingir o nível ideal? (Lembre-se de estabelecer ações específicas e com prazo definido.)

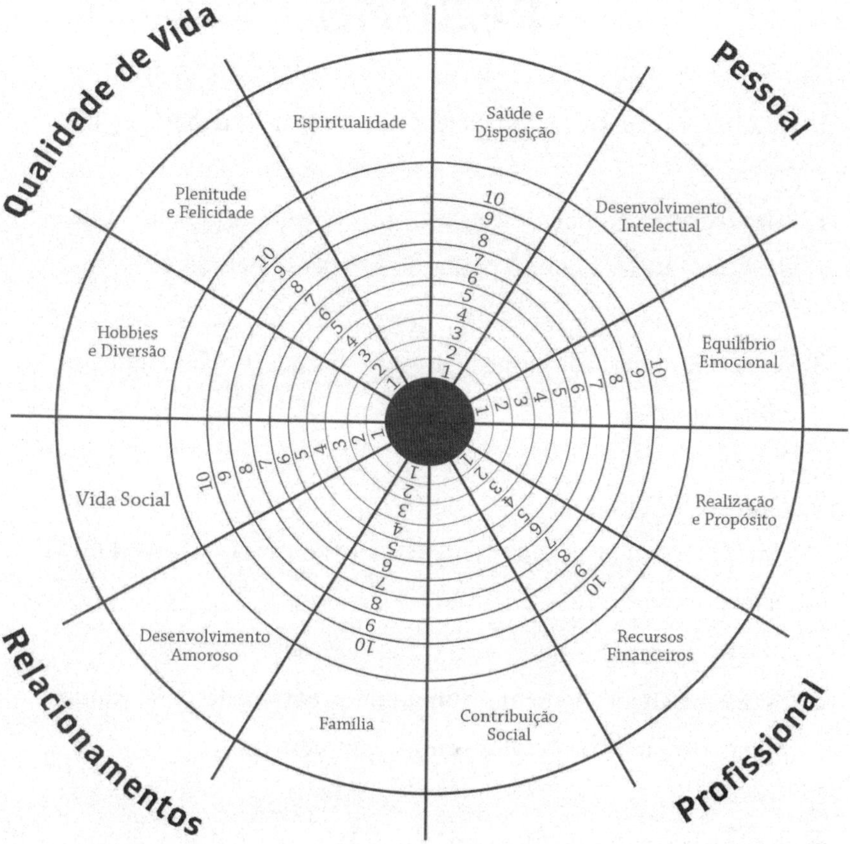

– Pode me dizer que caminho devo pegar?

– Depende de para onde você quer ir – disse o Gato.

– Não me importa muito onde – disse Alice.

– Então não importa o caminho que você pegue – respondeu o Gato.

(Lewis Carroll, *Alice no país das maravilhas*)

RESUMO

1. A Lei da Ação e Reação estabelece que toda causa tem um efeito.
2. Para conseguir o que deseja, você precisa agir, acionando a Lei de Ação e Reação com o poder do seu pensamento.
3. A transformação exige AÇÃO. Sem AÇÃO, não há transformação.
4. Use o CICLO DO SUCESSO: PENSAMENTO POSITIVO › AÇÃO POSITIVA › RESULTADO POSITIVO › GRATIDÃO POSITIVA
5. Sucesso é meta. A mente humana é programada para atingir objetivos. Transforme seus sonhos em meta e aja.
6. Use a lei do menor esforço para produzir mais e trabalhar menos.
7. Veja seu trabalho como uma missão.
8. Procure desenvolver os sete hábitos das pessoas altamente eficazes.
9. Siga os conselhos de Benjamin Franklin, um dos homens mais bem-sucedidos da história.
10. Use seu pensamento e suas ações para gerar riqueza.

11. Enfrente os problemas "caminhando".

12. Seja gentil e use a lei da doação (dar e receber) para atrair sucesso e riqueza.

13. Se não souber o que fazer ou por onde começar a transformação, use a roda da vida.

SEGREDO Nº 12

MOTIVAÇÃO

"A causa da derrota não está nos obstáculos ou no rigor das circunstâncias, está na falta de determinação e desistência da própria pessoa."

– Buda

Matthias Buchinger nasceu na Alemanha em 1674. Tocava vários instrumentos musicais e dançava *hornpipe* (dança tradicional inglesa). Foi um dos maiores ilusionistas de seu tempo, realizando maravilhosos efeitos mágicos com bolas, dados e cartas.

Era um calígrafo com incrível talento, especializado em micrografia. Em seu autorretrato, observando-se com uma lupa o pontilhado de sua peruca, percebe-se que os efeitos de sombra são, na verdade, sete salmos e o Pai Nosso.

Uma informação importante: Buchinger tinha apenas 75cm de altura e nasceu sem mãos e pés. Foi com essas "ferramentas" que atingiu o auge do sucesso.

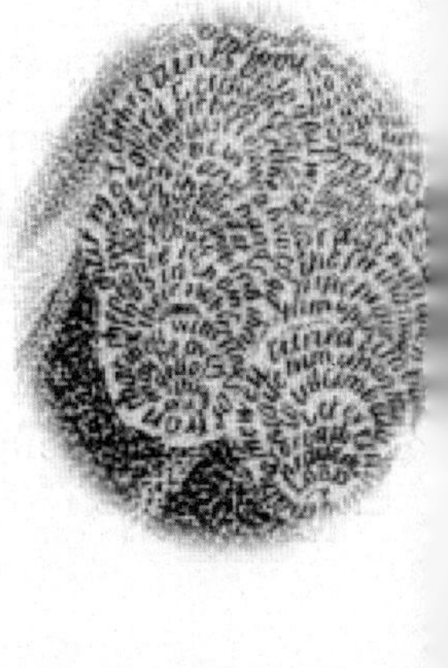

Nick Vujicic (Nicholas James Vujicic) nasceu no dia 4 de dezembro de 1982, em Melbourne, Austrália, aparentemente com a mesma síndrome rara de Buchinger, conhecida como síndrome de Tetra-amelia. Contra todos os prognósticos, tornou-se um adulto feliz e bem-sucedido. Após ter passado por inimagináveis privações na infância, conseguiu superar as dificuldades e, aos dezessete anos, iniciou sua própria organização beneficente chamada Life Without Limbs (Vida sem membros). Depois da escola, Nick formou-se em contabilidade e planejamento financeiro aos 21 anos. Começou a atuar como palestrante motivacional e hoje é uma das pessoas mais bem-sucedidas do ramo. Seus vídeos na internet são vistos por milhares de pessoas todos os dias.

Buchinger e Vujicic, contra todos os prognósticos, provaram algo muito importante:

O sentido da vida é o que você dá a ela.

Milton Erickson passou a infância pobre numa cabana de madeira. Aos dezessete anos foi afetado por ataques de poliomielite, suportando dores terríveis e grandes períodos de imobilização. Para recuperar a motricidade, resolveu observar minuciosamente os movimentos de sua irmã menor, que estava aprendendo a caminhar, com o fim de modelar uma forma própria de andar. Esteve à beira da morte, era disléxico, daltônico e surdo para determinados sons, o que dificultou a aprendizagem. As visualizações e os exercícios que concebeu espontaneamente para superar tantas dificuldades formaram um dos maiores terapeutas da história e serviram de base para suas técnicas de visualização-simbolização, extremamente utilizadas em psicoterapia.

A história está repleta de exemplos de personalidades que superaram as maiores dificuldades e acabaram encontrando "seu lugar ao sol". Algumas pessoas têm uma incrível capacidade para vencer obstáculos. Outras, no entanto, desistem ao menor dissabor. A diferença entre essas pessoas pode se resumir em uma palavra: motivação.

A palavra motivação deriva de dois vocábulos latinos: *motus* (movido) e *motio* (movimento). Pode ser entendida como força de vontade, entusiasmo, desejo, energia que move uma pessoa para atingir um objetivo. É o que motiva alguém para a ação (motiva + ação).

A motivação está presente nas grandes e nas pequenas coisas do nosso dia a dia: precisamos de motivação para abandonar a cama nos dias frios tanto quanto precisamos dela para começar um novo negócio. A diferença é simplesmente a intensidade de motivação necessária. A motivação é o que nos impulsiona para atuar e atingir determinado objetivo. Tudo que nos motiva nos faz sentir bem e nos permite sentir prazer, o que não significa ausência de obstáculos. Seguramente haverá obstáculos em nosso caminho, fazendo com que se ativem em nosso cérebro os circuitos que convergem em uma zona do córtex pré-frontal esquerdo geradora de lembranças positivas das vezes que alcançamos nossos objetivos, o que nos ajuda a seguir em frente apesar das dificuldades. O psicólogo norte-americano David McClelland fala de três principais motivadores que ativam o córtex pré-frontal esquerdo e os centros de recompensa cerebral que fazem com que a pessoa perservere e amplie seu sentimento de satisfação:

- necessidade de poder, que está relacionada a exercer influência sobre os demais;
- necessidade de pertencer, que é o prazer de colaborar com as pessoas de quem gostamos;
- necessidade de realização, para alcançar um objetivo pessoal ou social.

De modo geral, a sobrevivência, a busca de prazer, a segurança, a curiosidade, a novidade, a complexidade da ação, a competição, a necessidade de interagir, a cooperação, as pressões sociais e morais, o medo e a ansiedade, entre outros, são os principais fatores de motivação. A motivação pode se referir a fazer alguma coisa – economizar dinheiro, por exemplo –, assim como a não fazer, como deixar de ir ao restaurante caro para poder economizar. E sempre está associada a alguma tarefa específica ou a algum objetivo definido. Segundo o estímulo para a motivação, temos dois circuitos neuronais envolvidos: um motivado pelo castigo e outro motivado pela recompensa.

A motivação pode ser intrínseca ou extrínseca. É intrínseca quando a atividade em si nos motiva, como quando comemos, por exemplo. A motivação extrínseca corresponde ao resultado da ação e não à ação em si. É o que ocorre quando comemos coisas saudáveis das quais não gostamos para ter um corpo mais esbelto.

Podemos compreender o funcionamento da motivação observando o seguinte esquema:

(+)	MOTIVAÇÃO	(–)
Necessário		Desnecessário
Prazeroso		Doloroso
Excitante		Entediante
Fácil		Difícil
Novo		Velho
Seguro		Inseguro
Interessante		Sem graça
Confortável		Desconfortável
Compensador		Desestimulante

Fatores de motivação

Entre os principais fatores motivacionais, podemos enumerar os seguintes:

1. **Necessidade:** é o principal ingrediente da motivação. Diante da necessidade, o ser humano age naturalmente na busca da sua satisfação. Portanto, quanto maior for a necessidade de algo, maior será a motivação para alcançar. Na hierarquia das necessidades de Maslow, primeiro vamos satisfazer as necessidades materiais, depois as emocionais. De acordo com o psicanalista francês Jacques Lacan, somos movidos pelo que nos falta, pois a falta é responsável pelo surgimento do desejo.

2. **Prazer:** o circuito dopaminérgico é poderoso. Ao menor sinal de prazer, nosso circuito de recompensa entra em ação e nos motiva a fazer o que for necessário para alcançar satisfação. Muito antes de receber o apoio da neurociência, Sigmund Freud chamou a busca pelo prazer de princípio do prazer, cujo contraponto é o princípio de realidade, que nos faz ponderar essa busca de acordo com nossa vida real, sujeitando-nos muitas vezes a renúncias.
3. **Desejo de superação pessoal:** a busca constante de ser uma pessoa melhor é extremamente motivadora. Isso está ligado à nossa condição evolucionária. Conforme ponderou Allan Kardec, "evoluir sempre, essa é a lei".
4. **Aceitação e rejeição:** todo ser humano se motiva diante da sensação de participar de algo ou pertencer a um grupo. O medo da rejeição é um dos nossos maiores medos, assim como a aceitação é uma de nossas maiores necessidades.
5. **Competitividade:** a competitividade é uma marca de nossa espécie e constitui importante fator de motivação. Mas para que não se torne algo contraproducente, devemos eliminar a mentalidade Ganha-Perde e agir de acordo com a mentalidade Ganha-Ganha, conforme mencionou Stephen Covey no livro *Os 7 hábitos das pessoas altamente eficazes*. Muitas empresas estimulam a competição entre seus empregados como forma de manter a motivação em alta.
6. **Desejo de aprender:** realizar atividades cujo objetivo seja aprender é altamente estimulante.
7. **Necessidade de transcender:** os seres humanos querem ser parte de algo maior que eles próprios, e muitos até anseiam entrar para a história. Uma tarefa é motivadora quando vai além do mero interesse individual.

8. **Prova de valor e capacidade:** as pessoas se sentem motivadas com a possibilidade de demonstrar seu valor e capacidade.
9. **Vingança:** embora moralmente condenável, não há dúvida de que a vingança constitui uma forte motivação para muitas ações, devendo ser canalizada para coisas boas. Alguém que foi preterido em uma promoção, ao invés de querer matar seu chefe ou colega, deverá se esforçar para demonstrar maior capacidade.
10. **Amor, amizade, ódio e rancor:** os sentimentos exercem enorme influência em nossas ações, sendo muitas vezes mais fortes que a própria razão.
11. **Dinheiro:** é um dos principais fatores de motivação, pois as pessoas associam o dinheiro a status, poder e melhor atendimento das necessidades.
12. **Solidariedade:** ajudar as pessoas estimula a produção de dopamina. Por isso as pessoas sentem-se bem e ficam motivadas quando percebem que estão auxiliando as outras.
13. **Dever:** algumas pessoas são movidas por um elevado senso de dever.

Em cada situação, é importante entender quais são os fatores motivacionais envolvidos, enfatizando-os para obter maior motivação.

Fatores antimotivacionais

Assim como existem fatores que nos impulsionam, também há aqueles que nos desmotivam. Observar esses fatores e eliminá-los quando surgirem é essencial para o êxito de nossas ações. Os principais fatores antimotivacionais são:

1. **Saúde debilitada:** é difícil sentir-se motivado com desconforto físico causado por problemas de saúde ou desequilíbrio em nosso bem-estar. Cuidar da saúde envolve também ter uma vida equilibrada entre trabalho e lazer, comer e dormir bem e realizar exercícios físicos.
2. **Estresse:** embora esteja relacionado à saúde, é preciso salientá-lo, pois é um dos principais fatores de baixa motivação, principalmente quando se trata de estresse crônico, que tem efeitos neurológicos, cognitivos e biológicos graves.
3. **Baixa autoestima:** quando uma pessoa não crê em suas próprias capacidades, não será capaz de se sentir motivada para coisa alguma.
4. **Falta de interesse:** enquanto as tarefas interessantes são motivadoras, as que não interessam revelam-se penosas e desgastantes.
5. **Expectativas ou atitudes negativas:** não é possível haver motivação quando pensamos com pessimismo em relação à tarefa ou seus resultados, ou quando não conseguimos imaginar um cenário de sucesso.
6. **Desorganização:** a falta de um objetivo ou de um plano definido, assim como a falta de ordem em nossas atividades, são fatores capazes de aniquilar a motivação.
7. **Perfeccionismo:** pessoas perfeccionistas nunca consideram que a tarefa esteja completa ou, como diria o psicanalista inglês Donald Winnicott, "suficientemente boa", o que evidentemente gera desmotivação. Winnicott referia-se à mãe, mas sua ideia é ótima para expressar que não precisamos ser perfeitos para ter sucesso.
8. **Tome cuidado com os inibidores de motivação.** Existem inibidores externos, como as pessoas que nos cercam. Pessoas pessimistas ou sem entusiasmo são péssimas companhias quando se trata de atingir objetivos. Inibidores internos, por sua vez,

são relacionados às nossas crenças (não posso, não consigo, não tenho tempo etc).

Influência do ambiente

O ambiente pode exercer influência positiva ou negativa em nossa motivação. Quando falo de ambiente, estou me referindo ao espaço físico e às pessoas que o ocupam. Tanto o ambiente em que vivemos como os grupos a que nos juntamos irão reforçar ou debilitar nossa motivação. Um dos principais aspectos do ambiente é a organização. A bagunça, a desordem, a falta de higiene, a falta de luz e aeração afetam sensivelmente a motivação.

O ambiente familiar e social deve ser acolhedor e proprocionar as ferramentas emocionais e intelectuais que serão utilizadas ao longo da vida. Num ambiente agressivo, desqualificador, em que haja assédio e manipulação, é impossível estabelecer a motivação.

No ambiente educativo, a motivação depende dos docentes, no sentido de que sejam empáticos e estimulantes, seguindo o exemplo inspirador do professor John Keating, personagem de Robin Williams no filme *Sociedade dos poetas mortos*. Mas também é tarefa dos estudantes criarem um ambiente adequado ao aprendizado e que não estejam apenas ocupando um espaço para satisfazer os desejos dos pais ou as próprias vaidades.

Um ambiente laboral motivador deve ser estimulante, dar sentido de pertencimento, reforçar a autoestima e a autoconfiança, permitindo o desenvolvimento pessoal e profissional. É totalmente antimotivacional um ambiente hostil ou excessivamente competitivo, onde não haja reconhecimento nem diálogo ou onde não se possa trabalhar em equipe, sem normas claras, com chefes mal-humorados e possibilidades de crescimento reduzidas, com um sistema focado no castigo ao invés da recompensa.

Quanto ao aspecto social do ambiente, é importante salientar que os vínculos positivos são fatores de motivação. Vínculos positivos se baseiam em respeito mútuo, solidariedade, cooperação e valorização do outro. Vínculos negativos são aqueles que desvalorizam a outra pessoa. Além disso, pessoas pessimistas ou invejosas são totalmente antimotivacionais. Devemos nos cercar de pessoas positivas, otimistas e apoiadoras.

Zona de conforto

Zona de conforto é uma situação de nossa vida pessoal ou profissional em que nos sentimos seguros. Pode ser um relacionamento, um emprego, um nível de comprometimento, enfim, qualquer situação na qual queiramos permanecer. Segundo o neurocientista Estanislao Bachrach, a mente humana tende à homeostasia, isto é, à manutenção do equilíbrio, o que implica resistir às mudanças.

Nossa zona de conforto pode deixar de ser nosso paraíso para ser nossa prisão, impedindo-nos de atingir nossos sonhos, desejos e objetivos. Para sair da zona de conforto, é preciso correr riscos, o que também não é uma boa opção para o cérebro, que diante das ameaças aciona o medo. Mas, para que haja mudança, transformação e crescimento, muitas vezes é necessário enfrentar o medo, correr riscos e sair da zona de conforto.

É preciso inicialmente diagnosticar quando é o momento certo. Pode ser uma sensação de estresse, de estar sobrecarregado, aborrecido com a rotina, insatisfeito financeiramente ou qualquer outra sensação de insatisfação. É hora de pensar e saber o que realmente queremos, qual a transformação que precisamos obter e para que finalidade. Deve-se pensar nisso com o máximo de detalhes. É preciso ter claro, por outro lado, o que nos motiva e fortalecer esses fatores motivacionais, identificando o medo e o que o causa, compreendendo o que pode ser feito se algo sair errado. No início é comum sentir medo, insegurança, dúvida, mas aos poucos as emoções vão dando lugar à racionalidade. Muitas vezes, a simples existência de um plano B é suficiente para remover o medo.

Tenha em mente que, se outra pessoa conseguiu, então você também pode fazer o mesmo. Lembre-se das vezes anteriores em que saiu da zona de conforto e de toda a experiência, suas dúvidas e como foram solucionadas, que estratégias e pessoas foram importantes, como os problemas foram resolvidos e qual foi o sentimento após conseguir o que queria. Seja perseverante, entendendo que é comum haver obstáculos, mas que dificilmente algo não pode ser superado. Um objetivo claro e um bom plano são a sua passagem para fora da zona de conforto.

Gerenciamento motivacional

Gerenciamento motivacional significa entender o processo da motivação e adotar as atitudes adequadas para manter a motivação em alta. Algumas atitudes são simples e podem ser facilmente desenvolvidas. O gerenciamento motivacional começa com a identificação do objetivo, que pode ser uma tarefa, uma realização pessoal, o abandono ou estabelecimento de um hábito.

Comece o dia com algo que você ama. Pode ser sua família, seu programa de TV favorito, seu exercício, sua música predileta, seu desjejum. Lembre-se de que cada dia é uma nova oportunidade. Não permita que o perfeccionismo o impeça de fazer o que deseja. Lembre-se do conselho de Zig Ziglar: não é preciso ser brilhante para começar, mas é preciso começar para ser brilhante. Não desanime com seus erros. Encare as falhas e os obstáculos como oportunidades de aprendizado. Albert Einstein disse que "uma pessoa que nunca cometeu um erro nunca tentou algo novo".

Se uma tarefa não é suficientemente motivadora, divida o trabalho em tarefas menores, fixando, sempre que possível, algum tempo para executá-las. Mas atenção: não fique pensando nas tarefas seguintes. Mantenha seu foco no que precisa ser feito agora, pois pensar nas tarefas seguintes irá tirar sua energia e minar sua motivação.

Quando estiver com pouca energia – o que é muito comum entre as pessoas que têm mais de uma jornada de trabalho ou que precisam trabalhar e estudar –, concentre-se nas tarefas mais simples e rápidas, evitando a sobrecarga e a superexigência. Quando estiver sobrecarregado, com muita quantidade de tarefas, avalie tudo o que deve ser executado e escolha o que for mais atrativo, começando por aí, pois o importante é dar o primeiro passo.

Cultive a gratidão e a "comemoração", dando-se algum presente ao atingir seu objetivo. Faça um pacto consigo mesmo, dizendo que ao finalizar sua tarefa você se dará um prêmio, não importando que seja simples, como um livro, um passeio ou um almoço especial.

Muitas pessoas não conseguem se sentir motivadas porque não sentem prazer com a tarefa ou com o resultado dela. Por isso, é essencial que tenhamos em mente os benefícios que a tarefa irá proporcionar tanto no plano material quanto no emocional. O trabalho, por exemplo, precisa ser visto como uma missão. É preciso ir além das necessidades pessoais, identificando de que forma o trabalho realizado ajudará outras pessoas.

Para estar motivado, inicie com coisas simples e pequenas. Se sua meta é exercitar-se uma hora por dia, comece com quinze minutos diários. Depois aumente para meia hora e com o tempo passe para 45 minutos, até atingir uma hora. Estabeleça prazos para cada etapa. Lembre-se do ensinamento de Lao Tsé: uma viagem de mil milhas começa com um passo.

Faça uma lista de suas tarefas para poder planejar suas atividades. Brian Tracy adverte que cada minuto dedicado ao planejamento economiza dez minutos na execução. Tente mudar a configuração de tarefas tediosas, como ouvir uma música enquanto a executa. Cuidado, porém, para não perder a concentração. Aproveite o caminho, isto é, recolha o melhor possível de sua experiência, independentemente de pensar apenas no resultado. Às vezes, uma experiência não é motivadora até que tomamos a decisão de executá-la. Muitas vezes, a única coisa que temos que fazer é "decidir fazer".

Cuide de sua saúde física e mental. Procure dormir e alimentar-se bem, além de realizar exercícios físicos regulares. Use o poder da imaginação para motivar-se. Mentalize seus resultados. Use a mentalização para ver e sentir sua tarefa realizada. Se isso não funcionar, veja e sinta o que ocorrerá caso não realize sua tarefa. Lembre-se de que a mentalização deve ser sempre o mais realista possível. Reserve algum tempo do seu dia para relaxar. Pode ser lendo um livro, tirando um cochilo ou simplesmente tomando uma xícara de chá. Em tarefas que exijam muita concentração, faça uma pausa relaxante, de um a cinco minutos, a cada hora de trabalho.

Procure ter amigos que tenham atitudes positivas e estimulantes, que possam fortalecer sua autoestima e dar apoio quando necessário. Afaste-se de pessoas negativas e evite comentários negativos. Use a internet e as redes sociais para buscar conhecimento e apoio entre os internautas. Torne suas conquistas públicas, compartilhando-as com amigos e familiares, gerando mais compromisso, engajamento e apoio.

Você não pode mudar o tempo, mas pode mudar a forma como o utiliza. Por isso, planeje e administre seu tempo. Deixe as tarefas mais complexas ou que exigem alta concentração para o período do dia em que seu cérebro está mais ativo.

Há dois exercícios muito simples para obter motivação. Escreva, num pequeno pedaço de papel, uma lista de dez benefícios que seu objetivo irá lhe proporcionar. Reproduza dez listas desse tipo e espalhe-as por lugares de sua casa: porta da geladeira, cabeceira da cama, espelho do banheiro, também no painel do carro etc. O importante é que sejam lugares visíveis. Leia essa lista sempre que se deparar com ela. Outro exercício: selecione, na sua lista, o item mais importante. Encontre um lugar sossegado e feche os olhos, imaginando-se vivenciando essa situação. Imagine-se na cena, como se já tivesse atingido seu objetivo, usando todos os sentidos. Veja, escute, sinta… Termine o exercício dizendo: EU POSSO!

Em resumo:

- exercite pensamentos positivos;
- comece o que tem que ser feito, nada pior do que deixar para depois;
- planeje suas ações, estabeleça o modo de cumprir suas metas, aproveitando o tempo disponível;
- se necessário, divida suas metas em partes pequenas até conseguir atingi-las por completo;
- mantenha-se apaixonado por seu objetivo;
- visualize a cena de ter atingido o objetivo, procurando viver intensamente as emoções que isso lhe proporciona;
- saiba que benefícios seu objetivo lhe proporcionará, mantendo-os vivos em sua mente por meio de lembretes;
- identifique padrões de pensamento negativos e elimine-os;
- faça uma coisa de cada vez.

Cuidado: insegurança, medo e baixa autoestima podem ser confundidos com falta de motivação. Use estratégias de mudança de estado emocional para enfrentar esses fatores.

Motivando equipes

Para obter resultados no ambiente corporativo, não basta que haja pessoas competentes. É preciso pessoas motivadas. A motivação de uma equipe depende essencialmente da forma como o líder se relaciona com ela e do ambiente proporcionado. Algumas estratégias simples podem ser utilizadas, tais como:

- reconhecer publicamente as conquistas da equipe;
- agradecer quando uma tarefa é completada;

- criar uma atmosfera divertida;
- empoderar a equipe, deixando-a assumir responsabilidades e riscos;
- dar recompensas, como um vale-presente ou uma bonificação;
- criar uma premiação;
- comemorar resultados atingidos, levando a equipe para almoçar, por exemplo;
- proporcionar um dia de lazer com a equipe e seus familiares;
- permitir que se trabalhe em casa, quando o tipo de tarefa for compatível;
- manter a equipe informada, fazendo atualizações por e-mails e boletins;
- definir metas e prazos realistas;
- elogiar;
- proporcionar treinamento e eventos;
- subsidiar planos de saúde;
- ser solidário com a equipe, compreendendo erros no trabalho, especialmente quando decorrentes de dificuldades na vida pessoal;
- não criticar em público, preferindo dar feedbacks positivos e reservadamente.

Para manter uma equipe motivada, é preciso eliminar situações que possam reduzir a motivação, como longas horas de trabalho, falhas de comunicação, prazos impossíveis, hierarquia rígida, incompatibilidades entre pessoas da equipe ou pessoas negativas dentro da equipe, falta de perspectivas de progresso ou aperfeiçoamento, de oportunidades de integração e de confiança ou falta de autoconfiança de alguns integrantes.

Muitas vezes, a simples valorização do trabalho constitui fator de motivação. As pessoas às vezes veem o trabalho como uma tarefa, quando deveriam vê-lo como uma missão, entendendo o que seu trabalho significa na vida das outras pessoas. Na Fundação Escola Superior do Ministério Público, por exemplo, os funcionários da equipe da limpeza, que são geralmente desvalorizados, passaram a trabalhar com muito mais entusiasmo e dedicação quando, num de nossos eventos, fiz com que fossem reconhecidos como trabalhadores da saúde. Afinal, é o que são em última instância, já que num lugar sem higiene não há saúde. E saúde é algo de muito valor. Se o que uma pessoa realiza tem valor, torna-se uma missão e passa a motivar o indivíduo, que também se sente valorizado.

O poder do agora

Todos conhecem o ditado: "Não deixe para amanhã o que você pode fazer hoje". Muitas pessoas têm o hábido de adiar, que é um comportamento conhecido como procrastinação. Ansiedade, baixa autoestima, perfeccionismo, esgotamento físico, estresse, sobrecarga de trabalho, apatia, monotonia, entre outras, são as causas da procrastinação. Quando se trata de coisas importantes, isso pode ser um problema.

Evite a procrastinação com a regra de dois minutos de David Allen, criador de um método de gerenciamento de tempo chamado Getting Things Done. Primeiro: se algo toma menos de dois minutos, deve ser feito agora. Há muitas coisas que podem ser feitas em dois minutos, como responder um e-mail, por exemplo. Isso não tem que ser adiado. Segundo: quando começamos um novo hábito, este deve ser realizado em dois minutos. Se você quiser começar o hábito da corrida, vista-se e corra menos de dois minutos três vezes por semana. Isso significa sair da zona de conforto e começar, então representa a parte mais difícil do processo.

Outras medidas para deixar de procrastinar consistem em evitar as distrações, deixando a televisão desligada ou o celular no silencioso, por exemplo; buscar aperfeiçoamento contínuo; colocar um prazo limite para realizar a tarefa; dividir o trabalho extenso em partes, criando metas menores; detectar os momentos de maior produtividade para realizar as tarefas; planejar e controlar o tempo; procurar ser metódico, isto é, ter um método de trabalho; criar uma lista de tarefas, começando pelas mais simples, pois o mais difícil é começar; compartilhar projetos e pedir ajuda para "aliviar a carga" e aprender a dizer "não", pois às vezes uma pessoa se sobrecarrega apenas por não saber recusar tarefas quando poderia fazê-lo.

Certas pessoas ficam altamente motivadas quando visualizam mentalmente a tarefa pronta. Outras gostam de imaginar os benefícios de terminar a tarefa, isto é, as recompensas. Se for esse o caso, use a mentalização para obter a motivação necessária, lembrando-se de que, quanto mais realista, maior a influência da mentalização. Outras pessoas gostam de pensar no que ocorreria caso não conseguissem. Sinceramente, não gosto de técnicas negativas, mas sei que para alguns isso funciona.

Mais uma coisa muito importante: você deve comemorar! Deve se dar um prêmio por completar uma tarefa. Não se esqueça de estimular seu sistema de recompensa, agindo sobre o princípio do prazer, que é uma poderosa ferramenta de motivação.

RESUMO

1. Motivação é o que impulsiona para a ação.
2. A motivação intrínseca decorre da própria ação, enquanto a motivação extrínseca corresponde aos resultados da ação. Foque ambas.
3. Tenha um objetivo e um planejamento com prazos realistas.
4. Divida as tarefas grandes em metas menores.
5. Para sentir-se motivado, reforce os fatores de motivação e elimine os fatores antimotivacionais.
6. Mantenha um ambiente motivacional, cuidando das condições do lugar e relacionando-se com pessoas apoiadoras e positivas.
7. Saia da zona de conforto, identificando seu objetivo e planejando sua ação, mantendo um plano de contingência.
8. Aprenda a gerenciar a motivação com estratégias simples.
9. Motive sua equipe para melhorar o desempenho.
10. Elimine a procrastinação com a regra dos dois segundos. Dê o primeiro passo!

SEGREDO Nº 13

AUTOCONFIANÇA

"Tudo o que a mente humana pode conceber, ela pode conquistar."
– Napoleon Hill, escritor

Um orador chegou nervoso diante do microfone e disse: "Senhoras e senhores... quando cheguei aq-qui, eu e Deus sa-sabíamos o que eu i-ria falar. Agora s-só Deus sabe...".

O branco, o nervosismo, o suor nas mãos, o medo paralisante e outros sintomas desagradáveis em situações como essa são produtos do mesmo problema: falta de autoconfiança. A boa notícia é que isso pode ser mudado. A falta de confiança é geralmente sinal de baixa autoestima. Nathaniel Branden, um dos maiores especialistas no assunto em todo o mundo e autor do livro *Autoestima e seus seis pilares*, estabeleceu que a autoestima depende do seguinte:

1. Viver conscientemente, isto é, ter consciência de tudo que tem a ver com nossas ações – propósitos, valores e metas – ao máximo de nossas capacidades, sejam elas quais forem.
2. Aceitar a si mesmo, isto é, respeitar-se como pessoa, compreendendo seus valores e comportamentos, evitando a autossabotagem.
3. Assumir as próprias responsabilidades, sabendo que só você é o responsável por sua vida, suas ações e suas consequências;

depende de você a transformação de sua vida.

4. Praticar a autoafirmação, ou seja, respeitar seus desejos e suas necessidades e buscar sua satisfação sem prejudicar os demais, mas colocando-se em primeiro lugar.
5. Viver com propósito, o que significa ter metas a realizar e colocar em prática as ações necessárias à realização, ao invés de viver ao sabor da sorte e do azar.
6. Praticar a integridade pessoal, que implica resposta às seguintes perguntas: sou uma pessoa honesta, confiável e digna de confiança? Faço as coisas que digo e admiro e evito as coisas que afirmo deplorar? Sou uma pessoa justa em minhas relações com os demais? A integridade consiste na integração de ideais, convicções, normas, crenças e conduta.

Os primatas sabem gerenciar sua autoconfiança. Quando estão diante do macho alfa ou de um macho mais forte, enviam sinais de submissão, como baixar a cabeça ou se comportar infantilmente, pois sabem que uma postura não ameaçadora os mantêm fora de perigo. Mas, quando querem acasalar ou estão diante de animais menores, os primatas sabem estufar o peito e fazer o que tem que ser feito. Se você é uma pessoa autoconfiante, ótimo. Só espero que você possa ter mais inteligência emocional do que os primatas, sabendo quando é o momento de enviar sinais de submissão. Assim como o airbag do automóvel pode salvar nossa vida, dirigir com ele inflado pode nos matar. O mesmo vale para o ego. Em certos ambientes e situações, especialmente quando estamos diante de pessoas que se acham muito importantes e podem influenciar nossa vida ou carreira, devemos evitar qualquer tipo de sinal agressivo ou de superioridade.

Se você não se sente uma pessoa confiante, o que vou propor é que aprenda a gerenciar sua autoconfiança por meio de práticas diárias, procurando desenvolver a autoconfiança como um hábito. No início você irá apenas interpretar o papel como qualquer ator, mas com o tempo a autoconfiança se tornará um costume e passará a fazer parte de sua vida. Isso é possível graças aos mecanismos ligados à neuroplasticidade do cérebro. Você já sabe que mente e corpo são partes de um mesmo sistema. Ao agir como uma pessoa confiante, você criará no cérebro as conexões necessárias ao estabelecimento da autoconfiança como parte de sua personalidade.

Aprendemos isso com os ensinamentos de Buda:

"É capaz quem pensa que é capaz".

Posturas de poder

Para ter confiança, adote uma postura de poder. A confiança começa nos pés. Mantenha os pés bem plantados no chão, com o peso bem distribuído e sem apoiar-se na parte exterior ou interior dos calçados. Evite as posturas de desequilíbrio, apoiando-se em uma das pernas, ou de proteção, com pernas ou braços cruzados, a menos que a outra pessoa também se posicione assim. Mantenha a cabeça erguida, com ângulo de cerca de 45 graus em relação ao pescoço, e estique a coluna, mantendo a pélvis para dentro.

Cuidado com a "postura de Atlas". Na mitologia grega, Atlas, um dos Titãs, foi condenado por Zeus a sustentar os céus para sempre. Algumas pessoas andam curvadas como se carregassem um grande fardo, o que transmite falta de confiança. Acostume-se a andar ereto, transmitindo para si e para os demais uma postura confiante.

Caminhe decididamente, sem olhar para os pés, dando passos mais curtos e sem precipitação. Estabeleça contato visual com as pessoas de forma agradável.

Evite sentar-se com o peito estufado e com as mãos atrás da cabeça, dando impressão de confiança excessiva. O mesmo vale para colocar as mãos na cintura. O aperto de mão deve ser firme, mas sem excessos. Estenda a mão e cumprimente a outra pessoa tomando-lhe a mão como se fosse uma ave: não aperte demais para que não morra; não solte demais para que não voe.

Ao sentar, tome o controle de sua cadeira. Não se recline ou ocupe timidamente o espaço. Procure apoiar os cotovelos, mantenha-se ereto, mas confortável, sem se curvar, por mais cansado que esteja.

Procure fazer uma "boa entrada". Antes de ingressar num recinto, evento ou reunião em que você vai ser observado, recupere sua postura de poder. Não entre com bolsas, telefones ou outros objetos nas mãos, que devem estar livres para cumprimentar as pessoas. Relaxe a expressão facial e entre.

Palavras mágicas: "Eu posso"

Existe uma metáfora de um filhote de elefante que foi amarrado a um pequeno arbusto de onde não podia soltar-se. Com o tempo, tornou-se um animal enorme e forte, mas continuou preso ao pequeno arbusto, acreditando que não poderia livrar-se dele. Nossas crenças limitantes são assim e nos levam a acreditar que não podemos fazer determinadas coisas.

É preciso eliminar essas crenças e entender que temos todos os recursos necessários para atingir uma vida plena de satisfação.

Elimine de sua vida crenças negativas como "não posso", "não consigo", "isso não é para mim". Em vez disso, diga: "Eu posso". Diga para si mesmo, em qualquer circunstância, "Eu posso", com fé e vontade, e deixe o poder dessas palavras modificar sua maneira de pensar, eliminando suas crenças limitantes.

No livro *A verdadeira magia: criando milagres na vida diária*, Wayne Dyer, um mestre da autoajuda, escreveu que qualquer pessoa pode se tornar um mágico, um fabricante de milagres na vida cotidiana. É simplesmente uma questão de mudar a maneira como definimos nossa existência, criando uma mentalidade voltada para o milagre. Nesse livro, inspirado no grande ilusionista Houdini, Dyer ensina a pensar como os mágicos, buscando sempre desafiar o impossível. Os grandes cientistas e inventores da história pensaram dessa forma.

Estratégias específicas de autoconfiança

CONFIANÇA ANTES DE UMA PROVA OU EXAME:

- faça alguns exercícios rápidos para nivelar o nível de estresse;
- medite;
- repita o mantra: "Estou tranquilo, confiante e tenho o controle da situação";
- elimine distrações, incluindo o telefone;
- ouça música clássica;
- repasse a matéria rapidamente e utilize a autossugestão durante a leitura, pensando: "Absorve, absorve, absorve intensamente";
- não diga para as pessoas que está nervoso;
- mentalize-se fazendo a prova com confiança, sentindo intensamente essa emoção;
- pense em uma recompensa após a prova.

CONFIANÇA DURANTE UMA PROVA OU EXAME:

- respire profunda e lentamente antes de começar; feche os olhos e se imagine fazendo a prova com calma e confiança;
- espreguice-se;
- coma, evitando quedas de açúcar e perda de energia;
- durma bem na noite anterior;
- utilize a seguinte técnica de combate instantâneo do estresse: massageie o lóbulo da orelha durante o exame para se sentir relaxado;
- repita o mantra: "Estou tranquilo, tenho confiança e controle";
- imagine-se fazendo a prova numa praia ou em outro ambiente relaxante;

- em caso de "branco", utilize a canalização, deixando a mente fluir lentamente, sem esforçar-se para lembrar, e naturalmente as ideias virão, ou experimente "sair" mentalmente da sala (mentalize sua saída, entregando a prova e indo embora), pois geralmente o cérebro elimina o branco quando a prova acaba.

CONFIANÇA AO PARTICIPAR DE REUNIÕES:

- planeje alguma coisa para dizer antes da reunião, assegurando-se de ser breve, porém relevante;
- se a ordem permitir, fale nos três primeiros minutos;
- apresente-se com posição de poder;
- chegue pontualmente e faça uma boa entrada;
- escolha um assento que demonstre uma posição de poder e confiança, mas sem "ameaçar" quem estiver hierarquicamente acima;
- saúde os colegas com cumprimentos firmes;
- tome notas durante a reunião;
- utilize o nome do coordenador quando falar;
- não levante a voz ao debater um tema;
- acene com a cabeça, demonstrando concordância, mas, caso discorde, manifeste-se verbalmente.

CONFIANÇA NUMA ENTREVISTA:

- antes de entrar na sala, faça um alongamento, especialmente das mãos, para evitar o indesejável tremor;
- adote sua postura de poder e faça uma boa entrada;
- mantenha a mão direita livre para cumprimentar;
- espere ser convidado a se sentar;
- utilize sinais de escuta ativa, concordando com a cabeça;

- se não souber responder, admita ao invés de tentar enrolar;
- utilize gestos enfáticos e abertos durante a fala, sem ultrapassar a altura dos ombros, evitando gestos nervosos, como apertar as mãos, tocar acessórios ou esfregar os cabelos;
- estabeleça contato visual (se isso for problema, olhe entre as sobrancelhas do entrevistador);
- espelhe as posturas e a fala do entrevistador, mas com discrição;
- antes de sair, agradeça, sorria e se despeça com um aperto de mão.

CONFIANÇA DIANTE DO CHEFE:

- pense que se trata de um ser humano que teve infância, foi aluno, passou por frustrações, lutou para chegar onde está, tem necessidades e sonhos, ou seja, uma pessoa igual a você;
- você provavelmente estará se recordando de seu pai, professor, ou outra pessoa com autoridade, então procure vê-lo de outra forma;
- ao se dirigir a seu chefe, imagine que ele está vestido como um palhaço, usando uma roupa colorida e uma maquiagem engraçada.

CONFIANÇA AO PEDIR AUMENTO:

- tenha sentido de oportunidade, identificando o momento em que seu chefe está aberto para uma comunicação mais persuasiva;
- comece agradecendo a oportunidade de trabalhar e elogie a atenção que a equipe recebe, o que lhe motivou a procurá-lo;
- não reclame;
- seja claro, breve e educado, explicando por que merece e precisa do aumento;
- escute com atenção;

- se receber uma negativa, diga: "Compreendo e mais uma vez agradeço; quais seriam os passos e o melhor momento para voltar a esse assunto?";
- sempre planeje antes o que você pretende dizer.

CONFIANÇA NUM ENCONTRO:

- encare todo encontro, ainda que casual, como a possibilidade de criar uma nova amizade, sem se preocupar em seduzir ou impressionar, pois isso gera ansiedade;
- não tenha pressa em ganhar intimidade;
- se for possível, prepare-se emocionalmente para o encontro;
- faça contato emocional e sorria amistosamente;
- adote as posturas da outra pessoa;
- procure escutar e contribuir com o assunto;
- se a conversa não estiver fluindo, mantenha uma conversação descritiva sobre o lugar e comece a fazer comparação com outros lugares em que você esteve;
- num restaurante, escolha uma comida fácil de consumir e não exagere na bebida, preferindo, se possível, tomar a mesma coisa que a outra pessoa;
- acompanhe o ritmo de comer da outra pessoa, evitando ficar só ou deixá-la comendo sozinha;
- não divida a conta com uma mulher, ainda que ela queira; diga: "Vamos fazer assim, na próxima vez eu deixo por sua conta".

CONFIANÇA SEXUAL:

- entenda que o sexo é apenas uma atividade prazerosa destinada à nossa sobrevivência e deve ser tão natural quanto comer ou dormir, sem ser convertido em esporte olímpico;

- o que gera nervosismo é a expectativa de termos que dar um show na cama, mas certamente a outra pessoa não está esperando por isso;
- evite comparações com artistas profissionais, pois esse não é o sexo verdadeiro, como tudo que acontece nos filmes;
- ninguém tem uma vida sexual perfeita;
- mesmo um bom sexo não é bom sempre;
- a menos que você tenha se apresentado como um artista de cinema ou modelo internacional, não pense que a outra pessoa está preocupada com as imperfeições do seu corpo, ou com o que você pensa que são imperfeições;
- aproveite sua vida sexual com diversão e bom humor;
- aprenda sobre sexo em revistas e livros especializados e não com artistas e atrizes da indústria pornográfica;
- use a mentalização para visualizar-se em relações sexuais saudáveis, leves e divertidas.

Use sua mente

Gosto de perguntar às pessoas em aulas e palestras: "Qual é a parte mais bonita do seu corpo?". Depois de algum suspense e nenhuma resposta, eu insisto, olhando diretamente para alguns: "Muito bem, deixe eu reformular a pergunta. Qual parte do seu corpo você mais gosta?". Alguns dizem que são os olhos, outros dizem que é a boca, cabelos... Eu olho para cada um e, como se estivessem mentindo, eu digo: "Mente". Uso o trocadilho até que alguns percebam que não falo que estão mentindo, mas dizendo que o órgão mais importante é a mente. É o bem mais precioso que você possui, capaz de levá-lo aonde você desejar e a realizar o que você quiser.

Não se preocupe com o sucesso ou o fracasso. Como escreveu Paulo Coelho, "até um relógio parado está certo duas vezes por dia". Sucesso e fracasso são contingências de realização e aprendizado. Para inventar a lâmpada, Thomas Edison (1847-1931) realizou mais de mil experimentos. Indagado como não desanimou diante de tantos fracassos, Edison respondeu: “Fracassos? Não sei do que você está falando, em cada experiência descubro um dos motivos pelo qual a lâmpada não funciona. Agora sei mais de mil maneiras de como não fazer a lâmpada”. Como disse numa passagem de *Star Wars* o mestre jedi Yoda: “Não existe tentar, existe apenas fazer ou não fazer”.

Em *Atitude mental positiva*, Napoleon Hill escreveu: “Onde não há nada a perder por tentar e tudo a ganhar se for bem-sucedido, tente de todas as maneiras. Faça isso agora”.

Tampouco se acomode diante das verdades científicas, pois elas mudam o tempo todo. A mente humana produz maravilhas há milhares de anos. Portanto, explore suas capacidades mentais. Tire todo o proveito possível de suas potencialidades. Divirta-se com sua mente!

Atingir seus objetivos só depende de sua atitude perante eles. E nada melhor do que fazer do sucesso um objetivo de vida. Como disse o grande escritor Mark Twain: “Os dois dias mais importantes da sua vida são: o dia em que você nasceu e o dia em que você descobre o porquê”.

Use sua mente com sabedoria, seguindo o conselho milenar de Lao Tsé:

> *Os sábios se excedem porque se veem como parte do todo. Brilham porque não querem impressionar. Realizam grandes coisas porque não buscam reconhecimento. Sua sabedoria está contida no que são, não no que dizem. Como se recusam a discutir, ninguém discute com eles.*

Você tem um órgão mágico para adquirir confiança, riqueza, competência, reconhecimento, amor e tudo o que você desejar. Você só precisa usá-lo.

Use sua mente!

....

RESUMO

1. *Use as habilidades dos primatas para modular sua autoconfiança.*

2. *Use as palavras mágicas: "EU POSSO".*

3. *Use as estratégias de confiança para tornar a confiança um hábito.*

4. *USE SUA MENTE!*

CAPÍTULO SECRETO

A ARTE DO MENTALISMO

"Eu uso meus cinco sentidos para criar a ilusão de um sexto."

– Ned Rutledge, mentalista

Durante o governo de Napoleão III, Robert-Houdin foi um mágico famoso que se tornou herói nacional ao debelar uma rebelião na Argélia. Por incrível que pareça, ele usou a mágica para convencer os rebeldes de que a magia francesa era mais poderosa que a dos feiticeiros locais, que incitavam a resistência. Em pouco tempo, Robert-Houdin conseguiu a rendição dos rebeldes após vários fracassos do exército francês. Entre os mágicos, foi admirado e reverenciado, tendo inspirado inclusive o grande Houdini, que se tornou uma lenda nos Estados Unidos e adotou esse nome em homenagem ao ilusionista francês. Robert-Houdin cunhou a frase que se tornou um mantra entre os artistas da magia: "O mágico é um ator que interpreta o papel de mágico". O mentalismo artístico é uma especialidade da arte mágica, e, assim como um mágico, o mentalista é um artista que interpreta um papel. Sempre me senti fascinado por demonstrações de telepatia, leitura do pensamento, previsão do futuro, clarividência e outros fenômenos apresentados com maestria por esses artistas, como The Amazing Kreskin.

Kreskin é o nome artístico de George Joseph Kresge, um mentalista que se tornou um dos maiores ídolos norte-americanos nos anos 1970, vivido por John Malkovich no filme *A mente que mente*. Kreskin foi um mentalista de grande prestígio e popularidade, com inúmeras apresentações no teatro, no rádio e na televisão. Suas performances incluíam leitura da mente, premonições, controle mental, telepatia e hipnose. Em seus shows, costumava entregar todo o dinheiro arrecadado na bilheteria ao público para que fosse escondido em algum lugar do teatro, com a premissa de que, caso ele falhasse em encontrar o dinheiro, não receberia pelo show. The Amazing Kreskin nunca falhou! Em um de seus livros, intitulado *Secrets of The Amazing Kreskin* (Segredos do Incrível Kreskin), ele disse: "Não há nada de sobrenatural no que eu faço. Eu sou um cientista, um pesquisador no campo da sugestão e da percepção extrassensorial. Minha performance é o que eu descubro".

A arte do mentalismo foi magistralmente retratada no seriado *The Mentalist* (O mentalista), no qual Simon Baker representa Patrick Jane, um ex-mentalista que auxilia a polícia na caçada a Red John, serial killer que assassinou a família do artista, levando-o a abandonar sua antiga vida para se dedicar à investigação. Durante toda a série, Jane assume o protagonismo das investigações utilizando truques e habilidades mentais fora do comum. O personagem de Jane encanta com sua mente aguçada, criativa, inteligente e desconcertante.

Diferentemente dos animais, os seres humanos não vivem apenas no presente. As complexas necessidades da existência humana nos obrigam a pensar no dia seguinte e a planejar o futuro. A prática divinatória mais famosa da antiguidade foi o oráculo de Delfos, que atraiu as pessoas mais importantes do mundo grego entre os séculos 6 e 4 a.C. O historiador grego Heródoto afirmou que o oráculo falava sob transe, induzido por gases naturais que saíam por entre as pedras. Isso foi considerado um mito até 2001, quando o geólogo Jelle de Boer, da Wesleyan University, analisou os gases hidrocarbônicos emitidos pelas fontes próximas ao templo, descobrindo grandes concentrações de etileno, que tem efeito narcótico. Na atualidade, o tarô, a cartomancia, a cristalomancia e a radiestesia são formas populares de adivinhação. A Bíblia contém inúmeros relatos de profetas e adivinhos, mas o cristianismo baniu todas as formas de adivinhação, exceto as profecias divinas e as revelações astrológicas. Com a expansão da religião cristã, muitas práticas caíram em desuso ou foram objeto de perseguição. Na Idade Média, os papas ainda consultavam astrólogos em busca de conselhos sobre datas mais propícias para coroações, o que só mudou após as descobertas de Copérnico sobre os movimentos planetários. Portanto, desde tempos imemoriais, as pessoas buscam conhecer o futuro por meio de oráculos, astrólogos, profetas e adivinhos, surgindo ao redor disso toda sorte de manifestações sobrenaturais, que são o substrato da arte do mentalismo ao reproduzir artisticamente esses fenômenos.

Albert Einstein, um dos maiores gênios da história e Prêmio Nobel de Física, afirmou que "o mistério é uma das mais belas emoções". Em sua forma artística, o mentalismo permite exibições de fenômenos mentais por meio de efeitos mágicos, hipnóticos e teatrais, com o objetivo de produzir a emoção do mistério e despertar a consciência humana para os poderes da mente. Por meio de apresentações de mentalismo, criam-se incríveis demonstrações de fenômenos inexplicáveis e intrigantes, estimulando a curiosidade e a imaginação humanas.

Uma demonstração artística de mentalismo jamais deve ser feita como um truque, um desafio ou um quebra-cabeça. Deve ser um momento mágico, um apelo ao inexplicável, aos mistérios da mente, às curiosidades psicológicas, às raízes metafísicas da experiência humana, estimulando a imaginação e produzindo impacto emocional. Para tanto, usam-se técnicas teatrais, histórias, expressões faciais e corporais, humor etc.

Em *Um estudo em vermelho*, Sherlock Holmes disse a Watson: "Você sabe que um mágico não tem credibilidade após ele explicar seu truque; se eu mostrar muito do meu método de trabalhar, você chegará à conclusão de que sou um indivíduo bastante normal no final das contas". Portanto, não revele seus métodos às outras pessoas. É verdade que a curiosidade constitui um dos grandes privilégios da mente humana, mas cabe ao artista manter viva a arte. Se as pessoas querem o truque por trás da mágica, mostre-lhes o que é mais importante: a mágica diante do truque.

Vou ensinar algumas experiências que podem ser utilizadas para ganhar confiança, ilustrar argumentos, motivar, seduzir ou simplesmente divertir as pessoas. São algumas das ferramentas que utilizo em aulas, palestras, shows, cursos e seminários, e posso garantir que funcionam plenamente desde que bem executadas. As técnicas ensinadas a seguir são relativamente simples. Mesmo assim, procure praticar até atingir a perfeição. O êxito irá garantir a confiança em suas novas habilidades. Como disse certa vez o músico Charlie Parker: "Você tem que aprender a tocar seu instrumento. Logo, pratique, pratique, pratique e finalmente, quando estiver em cima do palco, esqueça todo o resto e o deixe gemer".

Leitura do pensamento

O livro *Secrets of The Amazing Kreskin* ensina a adivinhar um número pensado por um espectador de uma forma espetacular. Peça a um voluntário para escrever num papel um número entre 100 e 999, pedindo-lhe para não repetir algarismos. Depois, peça ao voluntário para inverter esse número e subtrair o menor do maior. Peça-lhe para pensar no resultado. Então, sem que ele diga uma única palavra, adivinhe exatamente o número que ele está pensando. A solução para esse problema, não importa qual número seja utilizado, será sempre uma dos seguintes possibilidades: 99, 198, 297, 396, 495, 594, 693, 792 e 891. Se há apenas dois algarismos na resposta, você saberá imediatamente que é 99. Se você vê que o primeiro número é 1, a resposta será 198; se o primeiro for 2, a resposta será 297 e assim por diante, pois os números das extremidades sempre somam 9 e o número central será sempre 9. Obviamente, o espectador não desconfia disso! Para descobrir o número, utilize um processo de "fishing", dizendo: "Você está pensando em três números, certo?". Se o espectador disser não, basta revelar o número 99. Se ele disser sim, diga que não está conseguindo ver o último algarismo claramente e peça-lhe que diga. Assim que ele disser o último algarismo, você saberá qual é o algarismo pensado. Não subestime o poder dessa adivinhação, pois ela é realmente surpreendente quando bem apresentada. Costumo revesti-la da seguinte apresentação:

> Eu vou ler a sua mente. É muito fácil saber o que as pessoas estão pensando quando elas estão sob algum tipo de estresse emocional, pois o estresse modifica a fisionomia. Então, pense num número de três algarismos diferentes entre 100 e 999. Agora, inverta esse número. Muito bem. Eu vou lhe dar dez segundos para fazer uma subtração.

Conte até dez, tentando apressar a operação. Depois, para evitar erros, peça-lhe que confira. Com esse discurso, simulando fazer uma leitura das expressões corporais da pessoa, e adotando uma certa teatralidade, revelo o número que ela está "pensando".

Efeito ideomotor

Essa demonstração utiliza o pêndulo de Chevreul de forma artística. Proponha-se a demonstrar a ação da mente sobre a matéria. Chama-se efeito ideomotor o resultado do pensamento sobre o corpo, produzindo movimentos aparentemente involuntários. Para demonstrar esse fenômeno, amarre um cordão de aproximadamente trinta centímetros em um anel, uma chave ou outro objeto, obtendo um pêndulo (entre os esotéricos, o pêndulo é utilizado como instrumento de radiestesia, que consiste em captar energias por meio de varinhas, forquilhas e pêndulos).

Com esse pêndulo é possível realizar experiências surpreendentes, baseadas no efeito ideomotor.

1ª experiência: peça para alguém segurar o pêndulo entre o polegar e o indicador, sem realizar qualquer movimento. Então, peça para o voluntário se concentrar no tipo de movimento que deseja que o pêndulo realize. Se pensar "mova-se em círculo", o pêndulo começará a oscilar em círculos; se pensar "mova-se em linha reta", o pêndulo oscilará em linha reta; quando pensar "parado", o pêndulo ficará parado.

2ª experiência: esclareça que o pêndulo se moverá em linha reta para dizer "sim" e oscilará em círculo para dizer "não". Faça perguntas simples, cuja resposta seja sim ou não. Ainda que o espectador se concentre com todas as forças para não mover o pêndulo, este responderá corretamente todas as questões com movimentos retos ou circulares.

Linguagem corporal

Realize uma interessante experiência de adivinhação, pedindo para um voluntário segurar uma moeda atrás das costas numa das mãos e concentrar-se na mão que segura a moeda. Depois, diga-lhe para trazer as duas mãos para a frente, concentrando-se ainda na moeda. Em instantes, você dirá infalivelmente em que mão a moeda está.

Esse efeito baseia-se numa habilidade comum de um mentalista, que é identificar sinais inconscientes. Para descobrir a mão em que está a moeda, o mentalista observa o nariz do voluntário. Em 99% das vezes, o nariz apontará discretamente para a mão que retém a moeda.

Pseudo-hipnose

Para demonstrar brevemente um fenômeno hipnótico, peça ao voluntário para sentar-se numa cadeira e fechar os olhos. Diga-lhe o seguinte: "Respire fundo e relaxe. Relaxe profundamente... Quando eu contar até três, você estará preso à cadeira, sem forças para levantar. Um, dois, três. Tente levantar agora e verá que está preso". A pessoa não conseguirá levantar. Agora diga: "Eu vou contar até três. Você vai abrir os olhos, espreguiçar-se e poderá levantar. Um, dois, três. Abra os olhos. Espreguice-se bem. Levante-se".

Essa demonstração vai familiarizar você com a hipnose, mas nesse caso é apenas um simples truque de equilíbrio. Quando o sujeito sentar, peça-lhe que junte os pés e leve-os para trás, cruzando os braços. Coloque seu dedo indicador na testa do voluntário e diga-lhe que tentará se levantar sem conseguir. Ele tentará, em vão, levantar da cadeira, mas não conseguirá.

O truque funciona porque o voluntário não tem equilíbrio suficiente para erguer-se da cadeira. Após espreguiçar-se, a pessoa reacomoda-se e retoma o equilíbrio, podendo então levantar normalmente.

Hipersensibilidade

Peça para alguém embaralhar as cartas de um baralho qualquer e fazer um corte aleatório. Pegue as cartas e tente "sentir" o número de cartas que foram retiradas do baralho. Escreva sua percepção num papel e deixe de lado, sem ninguém ver. Agora, peça para o espectador contar as cartas, uma a uma, colocando sobre a mesa. Depois disso, diga-lhe que memorize a carta que ficou em cima. Escreva sua percepção num papel. Agora, revele o conteúdo dos dois papéis: um contém o número exato de cartas retiradas do maço e o outro contém a carta pensada pelo espectador.

Um mentalista precisa aprender a pensar à frente das demais pessoas, como fazem os jogadores de xadrez. Este efeito vai permitir treinar essa habilidade, pois utiliza o princípio denominado "passo à frente", que tem inúmeras utilidades no mentalismo artístico. Ao pedir para a pessoa cortar um número de cartas e entregar, você faz um "peek" da última carta, isto é, espia discretamente a carta que está embaixo desse maço. Depois de alguma concentração, diz que vai anotar o número de cartas que acha que o maço tem. Tome um papel e anote, na verdade, a carta que você espiou. Devolva o maço para o espectador e peça-lhe para contar em voz alta o número de cartas, uma por uma sobre a mesa. Ao fazer isso, ele estará invertendo a ordem das cartas, de forma que a carta que você olhou ficará em cima do maço (top). "Você acha que eu acertei?", pergunte a ele. "Bem, vamos em frente. Eu quero agora que você veja secretamente a primeira carta e a guarde em seu bolso. Vou tentar captar seu pensamento e escrever neste papel também". Escreva, acima da anotação anterior, o número de cartas do maço que o espectador acabou de contar. Por fim, diga: "Não quero que você me diga nada, apenas vou mostrar o que eu escrevi". Revele o papel contendo o número de cartas e a carta pensada, pedindo para o espectador mostrar a carta que ele tem no bolso.

Você pode aprender mais sobre a arte do mentalismo em cursos, livros e vídeos. Recomendo especialmente que você conheça as obras de Tony Corinda, Banachek, Richard Osterlind e Derren Brown.

BIBLIOGRAFIA

ALLEN, James et al. *O guia do sucesso e da felicidade: conselhos de sabedoria de grandes pensadores*. Trad. Sandra Martha Dolinsky. Rio de Janeiro: BestSeller, 2015.

ANDERSON, Chris. *TED Talks: o guia oficial do TED para falar em público*. Rio de Janeiro: Intrínseca, 2016.

ANDREAS, Connirae; ANDREAS, Steve. *A essência da mente: usando o seu poder interior para mudar*. Trad. Heloísa Martins Costa. São Paulo: Summus, 1993.

ASHER, Mark. *Body Language: Easy Ways to Get the Most from Your Relationships, Work and Love Life*. Londres: Carlton Books,1999.

BACHRACH, Estanislao. *Ágilmente*. 15ª ed. Buenos Aires: Sudamericana, 2013.

______. *En cambio*. 6ª ed. Buenos Aires: Sudamericana, 2015.

BAKER, Joanne. *50 ideias de física quântica que você precisa conhecer*. Trad. Rafael Garcia. São Paulo: Planeta, 2015.

BANDLER, Richard; GRINDER, John. *Sapos em príncipes: programação neurolinguística*. Trad. Maria Sílvia Mourão Netto. 11ª ed. São Paulo: Summus, 1982.

BANDLER, Richard. *Usando sua mente: as coisas que você não sabe que sabe: programação neurolinguística*. Trad. Heloisa de Melo Martins Consta. 10ª ed. São Paulo: Summus, 1987.

BÁRANY, Julia. *Grandes mestres: sabedoria milenar hoje*. São Paulo: Mercuryo, 2002.

BAUER, Sofia. *Manual de hipnoterapia ericksoniana*. 2ª ed. Rio de Janeiro: Wak Editora, 2013.

BERTWISTLE, Gary. *Quem roubou minha motivação?* São Paulo: Editora Fundamento Educacional, 2014.

BIDOT, Nelly; MORAT, Bernard. *Neurolinguística prática para o dia a dia*. Trad. Marina Appenzeller. São Paulo: Nobel, 1997.

BIVAR, Luciano. *Intuição, a terceira mente*. São Paulo: M. Books do Brasil Editora Ltda, 2016.

BOOTHMAN, Nicholas. *Faça todo mundo gostar de você em 90 segundos: como transformar a primeira impressão em relacionamentos significativos na vida, no trabalho e no amor.* São Paulo: Editora Gente, 2012.

BRANDEN, Nathaniel. *Los seis pilares de la autoestima.* Ciudad Autônoma de Buenos Aires: Paidós, 2013.

BRENNER, Charles. *Noções básicas de psicanálise: introdução à psicologia psicanalítica.* Trad. Ana Mazur Spira. 4ª ed. São Paulo: Ed. da Universidade de São Paulo, 1987.

BUTLER-BOWDON, Tom. *Lições inspiradoras dos grandes mestres.* Trad. Juliano dos Anjos. São Paulo: Universo dos Livros, 2014.

BYRNE, Rhonda. *The Secret – O Segredo.* Trad. Marcos José da Cunha, Alexandre Martins, Alice Xavier. Rio de Janeiro: Ediouro, 2007.

CARNEGIE, Dale. *Como fazer amigos e influenciar pessoas.* Trad. Fernando Tude de Souza. 51ª ed. São Paulo: Companhia Editora Nacional, 2003.

CHOPRA, Deepak. *As sete leis espirituais do sucesso.* Trad. Vera Caputo. 52ª ed. Rio de Janeiro: Best Seller, 2008.

CHRISTOPHER, Milbourne; CHRISTOPHER, Maurine. *The illustrated history of magic.* Nova York: Carrol & Graf Publishers, 2006.

CLYDESDALE, Ruth. *Sabedoria oculta: sociedades ocultistas e conhecimentos arcanos através dos séculos.* Trad. Ana Verbena. São Paulo: Madras, 2011.

COÉFFÉ, Michel. *Guia dos métodos de estudo.* Trad. Marina Appenzeller. São Paulo: Martins Fontes, 1996.

COVEY, Stephen R. *Os 7 hábitos das pessoas altamente eficazes.* Trad. Alberto Cabral Fusaro, Márcia do Carmo Felismino Fusaro, Claudia Gerpe Duarte e Gabriel Zide Neto. 55ª ed. Rio de Janeiro: BestSeller, 2015.

CRAIG, David. *Como identificar um mentiroso: torne-se um verdadeiro detector de mentiras humano em menos de 60 minutos.* São Paulo: Cultrix, 2013.

______. *Como desvendar segredos.* Trad. Marcello Borges. São Paulo: Cultrix, 2015.

DELL'ISOLA, Alberto. *Mentes fantásticas: aumente em até 300% a capacidade do seu cérebro.* São Paulo: Universo dos Livros, 2016.

DEWEY, Herb; JONES, Baskom. *King of the Cold Readers.* EUA: Bascom Jones & Herb Dewey, 1996.

DILTZ, Robert B.; EPSTEIN, Todd A. *Aprendizaje dinâmico con PNL: una nueva y revolucionaria propuesta para aprender y enseñar.* Barcelona: Ediciones Urano, 1997.

DILTZ, Robert. B. *A estratégia da genialidade, vol. III: Freud, Da Vinci, Tesla.* Trad. Denise Maria Bolanho. São Paulo: Summus, 2004.

DOBELLI, Rolf. *A arte de pensar claramente: como evitar as armadilhas do pensamento e tormar decisões de forma mais eficaz.* Trad. Karina Janini; Flávia Assis. 2ª ed. Rio de Janeiro: Objetiva, 2014.

DOUGLAS, Willian. *Como passar em provas e concursos: tudo o que você precisa saber e nunca teve a quem perguntar.* 26ª ed. Rio de Janeiro: Impetus, 2011.

FARRER-HALLS, Gill. *Dalai Lama: sua vida, seu povo e sua visão*. São Paulo: Madras, 2003.

FEXEUS, Henrik. *A arte de ler mentes: como interpretar gestos e influenciar pessoas sem que elas percebam*. Trad. Daniela Barbosa Henriques. Petrópolis, RJ: Vozes, 2013.

FREUD, Sigmund. *Escritos sobre a psicologia do inconsciente*. Rio de Janeiro: Imago, 2004.

GIBRAN, Khalil. *O profeta*. Trad. Bettina Gertum Becker. Porto Alegre: L&PM, 2014.

GOLEMAN, Daniel. *Inteligência emocional: a teoria revolucionária que define o que é ser inteligente.* 2ª ed. Rio de Janeiro: Objetiva, 2012.

GREENE, Robert. *A arte da sedução.* Trad. Talita M. Rodrigues, Rio de Janeiro: Rocco, 2004.

GRINDER, John; BANDLER, Richard. *Atravessando: passagens em psicoterapia.* Trad. Maria Silvia Mourão Netto. 6ª ed. São Paulo: Summus, 1984.

HOUZEL, Suzana Herculano-. *O cérebro nosso de cada dia: descobertas da neurociência sobre a vida cotidiana.* 2ª ed. Rio de Janeiro: Vieira & Lent, 2012.

HILL, Napoleon. *Quem pensa enriquece.* São Paulo, SP: Editora Fundamento Educacional Ltda., 2009.

______. *Atitude mental positiva.* Porto Alegre: CDG, 2015.

HUNTER, James C. *O monge e o executivo.* Trad. Maria da Conceição Fornos de Magalhães. Rio de Janeiro: Sextante, 2004.

IZQUIERDO, Ivan. *Memória.* Porto Alegre: Artes Médicas, 2004.

JAMES, Judi. *El arte de confiar em ti mismo: trucos y técnicas que te ayudarán a liberar todo tu potencial.* Buenos Aires: Paidós, 2012.

McCRONE, John. *Como o cérebro funciona.* Trad. Vera de Paula Assis. 2ª ed. São Paulo: Publifolha, 2002.

KATZ, Lawrence C.; RUBING, Manning. *Mantenha seu cérebro vivo: exercícios neuróbicos para ajudar a prevenir a perda de memória e aumentar a capacidade mental.* Rio de Janeiro: Sextante, 2000.

KONNIKOVA, Maria. *Perspicácia: aprenda a pensar como Sherlock Holmes.* Trad. Cristiana Serra. Rio de Janeiro: Elsevier, 2013.

KOTTER, John P. *Liderando mudanças: um plano de ação do mais notável especialista em liderança nos negócios.* Trad. Afonso Celso da Cunha Serra. Rio de Janeiro: Elsevier, 2013.

KRESKIN. *Secrets of The Amazing Kreskin.* Nova York: Prometheus Book, 1984.

LAKHANI, Dave. *Subliminal Persuasion: Influence & Marketing Secrets They Don't Want You to Know.* New Jersey: Wiley, 2008.

LEWIS, David. *El cérebro vendedor: cuando la ciência es amiga del shopping: las nuevas ciências de la mente y la indústria.* Ciudad Autónoma de Buenos Aires: Paidós, 2015.

LÓPEZ, María Fernanda. *Cómo entrenar la fuerza de voluntad.* Ciudad Autónoma de Buenos Aires: Ediciones B, 2015.

LÓPEZ, Salvador A. Carrión. *Curso de practitioner em PNL.* 7ª ed. Buenos Aires: Ediciones Obelisco, 2011.

LORAYNE, Harry. *O poder da memória: sistemas positivos de treinamento para conseguir uma supermemória.* Trad. Jacy Monteiro. São Paulo: Papelivros.

LOUGAN, John. *O jogo da sedução: a bíblia do pickup.* São Paulo: Biblioteca 24 horas, 2014.

LUDUEÑA, Federico. *El cerebro mágico: como los grandes magos potencian el pensamento y la creatividad.* Ciudad Autónoma de Buenos Aires: Aguilar, Altea, Taurus, Alfaguara, 2014.

MACKNIK, Stephen L.; MARTINEZ-CONDE, Susana; BLAKESLEE, Sandra. *Truques da mente: o que a mágica revela sobre nosso cérebro.* Trad. Lúcia Ribeiro da Silva. Rio de Janeiro: Zahar, 2011.

MANES, Facundo. *Usar el cerebro.* 3ª ed. Ciudad Autónoma de Buenos Aires: Planeta, 2014.

MATURANA, Silvia Inés. *Técnicas de estúdio para aprender rapidamente.* Buenos Aires: Editora Sudamer, 2003.

MINNINGER, Joan. *Recuerdo total: cómo incrementar su memoria.* Girona (Espanha): Tikal, 1994.

MLODINOW, Leonard. *Subliminar: como o inconsciente influencia nossas vidas.* Trad. Claudio Carina. Rio de Janeiro, Zahar, 2014.

MORTENSEN, Kurt W. *Q.I. de persuasão: dez habilidades que você precisa ter para conseguir exatamente aquilo que você quer.* Trad. Márcia Nascentes. São Paulo: DVS Editora, 2010.

MURPHY, Joseph. *O poder do subconsciente.* Trad. Pinheiro de Lemos. Rio de Janeiro: Record, 1963.

MYRA Y LOPES, Emilio. *Quatro gigantes da alma.* Trad. Claudio de Araújo Lima. Rio de Janeiro: José Olympio, 1998.

NHAT-HANH, Thich. *Aprendendo a lidar com a raiva.* Trad. Claudia Gerpe Duarte. Rio de Janeiro: Sextante, 2003.

O'BRIEN, Dominic. *How to Develop a Perfect Memory.* Londres: Pavilion Books Limited, 1993.

O'CHONNOR, Joseph; PRIOR, Robin. *Sucesso em vendas com PNL: recursos de programação neurolinguística para profissionais de vendas.* Trad. Denise Maria Bolanho. São Paulo: Summus, 1997.

O'CONNOR, Joseph. *Manual de programação neurolinguística: PNL: um guia prático para alcançar os resultados que você quer.* Trad. Carlos Henrique Trieschmann. Rio de Janeiro: Qualitymark Editora, 2013.

O'CONNOR, Joseph; SEYMNOUR, John. *Introdução à programação neurolinguística: como entender e influenciar as pessoas.* Trad. Heloísa Martins-Costa. São Paulo: Summus, 1995.

OLIVEIRA, João. *Saiba quem está à sua frente: análise comportamental pelas expressões faciais e corporais.* 2ª ed. Rio de Janeiro: Wak Editora, 2012.

PAUL-CAVALLIER, François. *Hipnosis según Erickson.* Madrid: Gaia Ediciones, 2013.

PEASE, Allan; PEASE, Bárbara. *Como conquistar as pessoas.* Trad. Márcia Oliveira. Rio de Janeiro: Sextante, 2006.

———. *Desvendando os segredos da linguagem corporal.* Trad. Pedro Jorgensen Junior. Rio de Janeiro: Sextante, 2005.

PINKER, Steven. *Como a mente funciona.* Trad. Laura Teixeira Motta. São Paulo: Companhia das Letras, 1998.

POWEL, Diane Hennacy. *Poderes paranormais: como a ciência explica a parapsicologia.* Trad. Eduardo Rieche. Rio de Janeiro: Nova Era, 2013.

PROFESSOR SVENGALI. *Fun with Hypnosis: The Complete How-to Guide.* USA.

PUENTES, Fabio. *Auto-hipnose: manual do usuário.* 8ª ed. São Paulo: CenaUn, 2001.

ROSSI, Ana Maria. *Visualização: o sucesso através dos olhos da mente.* 2ª ed. Rio de Janeiro: Record; Rosa dos Tempos, 1996.

ROVELLI, Carlo. *Sete breves lições de física.* Trad. Joana Angélica d'Ávila Melo. Rio de Janeiro: Objetiva, 2015.

ROVNER, Jorge. *Mente cuántica.* Ciudad Autónoma de Buenos Aires: Ediciones B, 2014.

ROWLAND, Ian. *The Full Facts Book of Cold Reading.* Londres: Ian Rowland, 2002.

RUIZ, Horacio. *Guia prático de hipnose: das técnicas básicas à regressão.* Trad. Sandra Martha Dolinsky. São Paulo: Madras, 2012.

SALAZAR, Mary Joe. *El poder de la mente.* Madrid: Edimat, 2012.

SCHAFER, Jack; KARLINS, Marvin. *Manual de persuasão do FBI.* Trad. Felipe C. F. Vieira. São Paulo: Universo dos Livros, 2015.

SCHULTZ, Ron. *Sabedoria e intuição: doze extraordinários inovadores contam como a intuição pode revolucionar a tomada de decisões.* Trad. Adail Ubirajara Sobral, Maria Stela Gonçalves. 6ª ed. São Paulo: Cultrix, 2006.

SILVESTRE, Marcos. *Os 10 mandamentos da prosperidade.* São Paulo: Faro Editorial, 2015.

SUN TZU. *A arte da guerra.* Trad. Chris Tunwell. São Paulo: Universo dos Livros, 2006.

VAZQUEZ, Gustavo Héctor. *Neurociencias.* 2ª ed., Buenos Aires: Polemos, 2012.

VIEIRA, Paulo. *O poder da ação: faça sua ideia sair do papel.* São Paulo: Editora Gente, 2015.

VOGER, Alexander; BRUNO, Ares. *Sedução revelada.* Brasília: Thesaurus, 2010.

WEIL, Pierre; TOMPAKOW, Roland. *O corpo fala: a linguagem silenciosa da comunicação não verbal.* 74ª ed. Petrópolis: Vozes, 2015.

WEINSCHENK, Susan M. *Apresentações brilhantes.* Trad. Paulo Polzonoff Jr. Rio de Janeiro: Sextante, 2014.

WINTHROP, Simon. *How to Be a Mentalist.* Nova York: Berkley Boulevard Books, 2011, Kindle edition.

YOGANANDA, Paramhansa. *Como alcançar o sucesso: a sabedoria de Yogananda.* Trad. Gilson César Cardoso de Sousa. São Paulo: Pensamento, 2011.